Кирилл Галушко, Лидия Смола (ред.)

ПРЕДЕЛЫ ПАДЕНИЯ – ВАРИАНТЫ УКРАИНСКОГО БУДУЩЕГО

Аналитико-прогностические исследования

ibidem-Verlag
Stuttgart

Bibliografische Information der Deutschen Nationalbibliothek
Die Deutsche Nationalbibliothek verzeichnet diese Publikation in der
Deutschen Nationalbibliografie; detaillierte bibliografische Daten sind im
Internet über http://dnb.d-nb.de abrufbar.

Bibliographic information published by the Deutsche Nationalbibliothek
Die Deutsche Nationalbibliothek lists this publication in the Deutsche Nationalbibliografie;
detailed bibliographic data are available in the Internet at http://dnb.d-nb.de.

∞

Gedruckt auf alterungsbeständigem, säurefreien Papier
Printed on acid-free paper

ISSN: 1614-3515

ISBN-10: 3-8382-0148-5
ISBN-13: 978-3-8382-0148-1

© *ibidem*-Verlag
Stuttgart 2010

Printed in Germany

СОДЕРЖАНИЕ

СПИСОК РИСУНКОВ   7

ПРЕДИСЛОВИЕ   9

УЧАСТНИКИ ПРОЕКТА   15

1. ОСНОВНЫЕ ПРОБЛЕМЫ И ТЕНДЕНЦИИ СОЦИАЛЬНО-ДЕМОГРАФИЧЕСКОГО РАЗВИТИЯ
Алла Зинченко, Надежда Комарова, Наталия Романова, Татьяна Семыгина   23

2. НЕОБХОДИМОСТЬ СТРАТЕГИИ НАЦИОНАЛЬНОГО РАЗВИТИЯ
Лидия Смола, Сергей Чолий   81

3. СОСТОЯНИЕ И ПЕРСПЕКТИВЫ АУДИОВИЗУАЛЬНЫХ МЕДИА
Сергей Гнатюк   105

4. ПРОБЛЕМА ИНФОРМАЦИОННОЙ БЕЗОПАСНОСТИ
Лидия Смола, Сергей Чолий   115

5. УГРОЗЫ ЭТНИЧЕСКИХ КОНФЛИКТОВ
Виктор Котигоренко   119

6. ИСТОРИКО-КУЛЬТУРНОЕ НАСЛЕДИЕ
Елена Титова   137

7. УКРАИНСКАЯ ПОЛИТИКА: НАЗАД В БУДУЩЕЕ
Евгений Магда   143

8. ИНТЕГРАЛЬНЫЕ СЦЕНАРИИ РАЗВИТИЯ УКРАИНЫ ДО 2020 ГОДА
Кирилл Галушко при участии Лидии Смолы   167

СПИСОК ОСНОВНЫХ ИСТОЧНИКОВ   201

СПИСОК РИСУНКОВ

Рисунок 1:   Распределение населения по возрасту (1990–2007)

Рисунок 2:   Изменение доли детей среди общей численности населения Украины в 1991–2006 гг.

Рисунок 3:   Половозрастная пирамида населения Украины (мужчины и женщины) по состоянию на 1 января 2007 г.

Рисунок 4:   Распространенность некоторых социально негативных явлений.

Рисунок 5:   Распространение алкозависимости в регионах Украины

Рисунок 6:   Динамика распространения наркомании в Украине на протяжении 1989–2003 лет

Рисунок 7:   Распространенность наркомании и направление динамики развития эпидемий зависимости от алкоголя и наркотиков

Рисунок 8:   Распределение уровня самоубийств по Украине и регионам в 1988–2006 годах

Рисунок 9:   Заболеваемость туберкулезом на 100 тыс. населения, все формы

Рисунок 10:   Динамика регистрации случаев ВИЧ-инфекции в Украине в 1987–2006 годах

Рисунок 11:   Распространенность ВИЧ-инфекции и СПИДа среди граждан Украины по регионам на 1 января 2006 года

Рисунок 12:   Случаи ВИЧ-Инфицирования на 100 тыс. населения

Рисунок 13:   Случаи СПИДа на 100 тыс. населения

Рисунок 14:   Распределение источников финансирования технологических инноваций

Рисунок 15:   Показатели развития культуры в Украине за 1990–2006 годы

Рисунок 16:   Динамика изменений индекса развития человеческого потенциала Украины по рейтинговым показателям с 1990 по 2007 год

Рисунок 17:   Доля детей-сирот и детей, лишенных родительской опеки, среди общего количества детей до 17 лет

Рисунок 18:   Количество детей-сирот и детей, лишенных родительскй опеки, по годам

Рисунок 19:   Количество удовлетворенных судами исков о лишении родителей родительских прав

Рисунок 20:   Количество лишенных родительского заботы, на 100000 детей (0-17 лет)

Рисунок 21:   Удельный вес семей с детьми в общем количестве семей

Рисунок 22:   Количество детей в семьях *(по данным переписей 1989 и 2001 гг)*

Рисунок 23:   Удельный вес индивидуальных домохозяйств из тремя и больше детьми в возрасте до 18 лет

Рисунок 24:   Количество родившихся детей, тыс.

Рисунок 25:   Основные задачи и индикаторы по «Целям развития тысячелетия» для Украины.

ПРЕДИСЛОВИЕ

Всех людей в мире, в том числе и граждан Украины, объединяет одна весьма человеческая черта: они хотят лучшего будущего для своих детей. Любой из нас является звеном в продолжительной цепочке поколений, каждое с которых прошло свой, временами нелегкий жизненный путь и передало свои достижения, успехи и неурядицы потомкам. У каждого поколения были свои мечты, свои стремления, свои победы и разочарования. Украинцы в этом смысле могут быть примером и жертв ряда исторических катастроф, которые ставили их как сообщество на предел выживания, и непреодолимой жизненной силы, которая дала возможность им выжить, сохранить себя и перенести свои жизненные хлопоты уже в XXI столетие. Историческую судьбу украинства можно оценивать по-разному, – что, собственно, и происходит сегодня в нашем обществе. Разные взгляды на национальные приоритеты и идеалы, исторические фигуры и события, цивилизационную принадлежность, друзей и врагов, нынешние и будущие угрозы... Еще живые в нашем сознании события последних двадцати лет вызывают крайне противоречивые мысли и вопросы: что было нужно и как именно делать, за кого голосовать и кого поддерживать, как оценить свои собственные достижения и общий результат деятельности? Вчерашний день довольно быстро становится историей, а сегодняшнее «завтра» уже через сутки перестает быть «будущим».

По нашему мнению, уже пора несколько абстрагироваться от регулярных избирательных баталий, которые поглощают все наше внимание, пора остановиться, оглянуться – и честно оценить то, к чему мы пришли с 1991 года и что передадим в наследство собственным детям. Время подумать о будущем.

Конечно, это нелегко – вырваться из передряги будней, текущих политических новостей и подняться над ситуацией конкретного дня конкретного месяца конкретного года. Лет двадцать поэтому была актуальной шутка, что у нас – страна с «непредсказуемым прошлым». Что изменилось? Все мы знаем, что непредсказуемым является и наше сегодня. И никакой эксперт-аналитик, политолог или обществовед не будет спорить с мыслью о непредсказуемости нашего даже просто завтрашнего дня. Хаотичные и поспешные изменения фракций, коалиций и кабинетов на фоне отсутствия консенсуса правящего класса и общественности относительно приоритетных направлений развития страны оставляют нас в полнейшей неуверенности: а что же будет дальше? Мы в одинаковой мере вероятности можем предусматривать членство Украины в НАТО и ЕС – и активное участие в ЕЭП и реинтеграцию с Россией, украинизацию – и русификацию, подъем и консолидацию страны – и ее распад. Хаос в умах и душах украинцев (а мы такими называем всех граждан нашего государства), казалось бы, вообще не позволяет делать какие-то прогнозы.

Но! По нашему мнению, *сегодня существует достаточно оснований для определения тех очевидных и объективных проблем, которые будут присущи нашему обществу в ближайшем будущем – при любом президенте, парламенте и кабинете министров.* И эти проблемы формулируют вполне конкретные требования не только к тем, кто нами правит, но и к нам – тем, кто их избирает. Если вам говорят: не думайте о «завтра», дайте разобраться с «сегодня», – *не верьте.* Сегодня о нашем завтра уже известно вполне достаточно, лишь бы глубоко задуматься о том, что же мы должны делать вот сейчас – и независимо от партийных цветов или региональных политических вкусов. Есть проблемы, которые абсолютно одинаково угрожающи для любой части Украины, и их углубление в ближайшие годы сделает бессмысленными парламентские потасовки или митинговые страсти, – ведь эти проблемы все равно остаются опасными для любого правительства, а тем более для нас всех.

О проекте

Представляемый вниманию читателей (а мы надеемся, что среди них окажутся эксперты, журналисты и политики) проект «Пределы падения: варианты украинского будущего» – это исследовательский аналитико-прогностический проект, осуществленный на протяжении 2007–2008 годов рядом украинских экспертов в различных отраслях и сегментах общественной жизни – от политики до охраны культурного наследия. Экономический кризис 2008-2009 гг. как воспрепятствовал публикации результатов проекта, так и внес существенные изменения в оценку определенных социально-экономических явлений и их перспектив. Победа на президентских выборах 2010 Виктора Януковича может существенно повлиять на дальнейший вектор и траекторию внешней и внутренней политики украинского государства, подведя черту под т.н. «оранжевым периодом» пребывания при власти Виктора Ющенко. *Однако существуют такие оценки общественных перспектив, которые непринципиально зависят от экономической ситуации или личности президента, а новый «политический пасьянс» несет в себе достаточно внешних черт и внутренних закономерностей предыдущего.*

Это стало для авторов поводом попробовать вычленить из огромного объема исследования 2007-2008 гг. (более 600 стр. украинского текста) пункты, которые сохранили свою адекватность в реалиях 2010 г., по возможности актуализировать их и сконструировать реферативное изложение на русском языке, чтобы сделать доступными результаты нашей работы более широкой аудитории. Часть материалов была переработана и в контексте последних событий (в частности политические прогнозы), значительной частью пришлось пожертвовать из-за слишком больших объемов переработки (экономический блок, вопросы внешней и внутренней безопасности). Если же определенные авторские разделы поданы не полностью, то сокращения обозначены редакторами как «[...]». С целью сокращения объема текста нам также пришлось существенно сократить ссылочный аппарат (кроме крайне необходимого). Всю ответственность за критерии сокращения и отбора материала для реферата несут редакторы.

Подготовку нынешнего издания взяло на себя всеукраинское «Научное гуманитарное общество», включившее в себя многих авторов проекта. «Гуманитарное общество» будет продолжать в дальнейшем аналогичные исследования. С нашей деятельностью можно познакомиться на сайте http://www.nestor-ua.org, а замечания или предложения можно отправлять на e-mail kigal.nestor@gmail.com.

«Научное гуманитарное общество» и авторы данного проекта благодарны серии «Soviet and Post-Soviet Politics and Society», в частности доктору Андреасу Умланду, и издательству Ibidem за возможность опубликовать результаты нашей работы.

Аналитический подход

Довольно быстро определенные результаты и практика нашей академической деятельности заставили авторов осознать то, что в оценке украинских реалий одним «прошлым» и «настоящим» не обойтись. Ведь адекватность представлений человека о себе и мире зависит не только от меры осознания того, что получено от прошлого и чего хочется от будущего, – но и от *понимания необходимости осуществить в реальном времени те логические, последовательные шаги, которые позволят достичь желательного в будущем.* Звучит это вроде бы просто, но в украинских реалиях это крайне тяжело осуществить за неимением видения направления общего пути. Это кажется разве что недостижимой мечтой. И наше прошлое, и наша современность воспринимаются обществом полярно, а потому мы имеем по меньшей мере два нечетко очерченных варианта «желательного будущего», которые то обретают четкость – в моменты «политической ясности», то расплываются – с потерей последней. Однозначно то, что «образы будущего», наиболее распространенные сейчас в украинской общественности, слишком зависят от текущей политической пропаганды и технологий, которые искусственно, с позиций политической целесообразности, увеличивают или преуменьшают значение определенных явлений. Например, так называемый «языковый вопрос» в рейтинге жизненных проблем, которые беспокоят украинских граждан, находится где-то в третьем десятке, но его сознательно удерживают на уровне если не второго, то третьего пункта по значению «судьбоносности» для будущего украинского государства.

Однако внимание к прошлому нам в кое-чем все же помогло. Ведь специальность историка (а таковых среди авторов проекта - несколько) позволяет воспринимать современные мелкие политическую коллизии как пену на поверхности воды, которая лишь скрывает те, крайне мощные факторы общественного развития, о которых в ежедневных новостях не рассказывают. Тем временем реально действуют достаточно продолжительные тренды и тенденции развития общества, его структуры, демографических составляющих, экономических составных частей и широкого внешнего контекста, – ведь Украина находится не в пустоте. Поэтому мы поставили перед собой цель беспристрастно выяснить, что будет происходить с нашей страной независимо от современной политической ситуации (насколько это возможно), и какие очевидные и объективные общественные проблемы будут реально определять наше будущее.

При построении итоговых «базовых сценариев» мы старались не подходить слишком «творчески» к делу, «додумывая» возможные сюжеты (ибо таковых может быть много). Мы просто по возможности логично свели в отдельные сюжеты теоретически возможный «позитив», «негатив» и «инерционный» «реалистический прогноз», колеблющийся между элементами первого и второго. Думаем, что это явится целиком достаточным для формулировки того месседжа, который необходим нашей адресной аудитории. Наши сценарии – не литературные упражнения на заданную тему, а лапидарное следствие научного обществоведческого анализа.

Необходимая функция государственной политики в контексте цели нашей работы заключается в том, что очерченные проблемы надо как-то (а лучше – эффективно) решать, потому что только такое – действительное, а не пропагандистско-популистское, – их решение будет направлять Украину в лучшее и значительно более прогнозируемое будущее. Другой вопрос: смогут ли наши политики вырваться за границы своего герметичного пространства, существующего отдельно от остального общества вне политикума, – и осознать те вещи, о которых речь идет? Пока что неясность будущего является делом политически выгодным, а потому она поддерживается – вопреки понятному общественному желанию ясности и определенности.

Особенности украинской футурологии

К сожалению, для футурологических исследований на украинские темы достижения мировой футурологии мало применимы. Они дают оценку глобальных проблем человечества и определенных тенденций в их развитии или решении, сосредоточенные на технологических инновациях и их последствиях для жизни людей, – однако относительно одной конкретной страны, расположенной на востоке Европы, они способны предложить лишь очертания явлений, на которые в Украине едва ли кто-то сможет существенно повлиять. Глобальные проблемы человечества и вызовы XXI века остаются полигоном для активности мировых держав и учреждений: ООН, «большой восьмерки», военно-политических и экономических блоков. Украина, вопреки своей зависимости от мировых процессов и геополитической конкуренции больших государств, реально может (как необходимый минимум) попытаться контролировать лишь то, что происходит в ней самой, – и только успешность в этих попытках создаст почву для ее более уверенной позиции в мировом сообществе наций и действительной *субъектности* в определении собственной судьбы. Понятно, что готовиться к реакции и реагировать на глобальные вызовы нам также необходимо, но, повторюсь, только *внутренняя успешность* украинского национального проекта способна уменьшить нашу зависимость от внешних влияний. Поэтому нынешняя украинская футурология – это, прежде всего, *наука о современности*, о тех вещах и явлениях, развитие которых сегодня потом приведет нас к определенному будущему. Для лучшего будущего надо делать больше уже сегодня, а не откладывать его осмысление на завтра.

УЧАСТНИКИ ПРОЕКТА

Мы обратились к специалистам – по социологии, демографии, экономике, политологии, энергетике, военной безопасности, информационной политике, социолингвистике, охране культурного наследия – с просьбой дать профессиональную оценку состояния и перспектив развития соответствующих сегментов украинского общества и государственной политики. Нашей задачей не было привлечь к работе обязательно виднейших «мэтров», ведь очевидные общественные проблемы доступны не только интеллекту академиков, – в ином случае сложно надеяться на их постижение средними гражданами или политиками. Суть актуальных общественных неладов состоит еще и в том, что нормальный квалифицированный специалист в определенной области целиком способен дать оценку ситуации и определенные рекомендации. Поэтому ритм нашей работы был заметно не таким, как в академических институтах, которые сделали бы обозначенную задачу плановой научной темой – с десятками исполнителей и сроком разработки в традиционные пять лет; к тому же, для осуществления такого проекта понадобилось бы несколько научных учреждений. Еще одним фактором, который повлиял на выбор нами автуры, была объективная осведомленность о том, какую судьбу имеют эти многолетние академические разработки в будущем. Их коэффициент полезного общественного действия преимущественно равняется нулю, – поскольку в наших государственных учреждениях не только не применяют их для формирования собственной политики, но обычно даже не знакомятся с их содержанием. Эти продолжительные и «сверхосновательные» проекты могут тешить разве что авторов и их немногочисленных коллег (влияние которых на общество или власть также равняется нулю).

Поэтому мы решили, что, поскольку правящий класс равнодушен к мыслям научных работников, нет смысла работать над нашими прогнозами долго – хватит и года. Оперативный, а следовательно – остро актуальный, месседж экспертов будет сформулирован и аргументирован, и это, собственно, - «sapiensi sat». Возможно, у кого-то возникнут сомнения в достигнутых нами результатах, но мы не боимся того, что кто-то захочет с помощью уважаемых и авторитетных научных учреждений проверить наши выкладки, – ведь это уже будет знаком внимания, а следовательно, и одним из очевидных положительных результатов нашей работы.

Широта спектра поставленных проблем, различие методологических подходов и дисциплинарных видений обусловило то, что каждый эксперт работал фактически независимо, ограниченный лишь поставленной задачей и той структурой своего раздела, которая представлялась ему наиболее целесообразной. В этом смысле мы не можем говорить, что авторы все время работали «командой», – но их объединяло общее стремление: послужить своими знаниями обществу, которое когда-то (а необходимо – сегодня), возможно, все-таки решит честно оценить то весьма печальное положение, в котором находится. После определения диагноза болезни надо немедленно начинать лечение, – а для этого тоже нужна правдивая и объективная информация.

Необходимо сделать ударение на том, что это исследование не заказывалось никакими политическими силами, партиями, движениями и является лишь позицией более десятка разных научных работников. Последние, конечно, могут иметь собственные политические симпатии, но их выводы достаточно критически оценивают следствия *совокупной деятельности всех украинских властных администраций*. Поэтому едва ли кому-то захочется доказать нашу ангажированность. Мы-то сразу скажем, что «наша партия» еще не родилась…

***

Общее руководство проектом и обмен информацией между исполнителями осуществлял Кирилл Галушко, координацию работы социологов и демографов организовывала Лидия Смола. Ниже мы перечислим всех участников проекта и тематику их исследований, независимо от того, какой объем их работы попал в данное сокращенное, реферированное и исправленное издание.

Руководитель проекта, редактор
«Интегральные сценарии»
Кирилл Галушко, кандидат исторических наук, доцент, глава всеукраинского «Научного гуманитарного общества». Автор многочисленных публикаций по истории общественно-политической мысли, истории украинского национального движения, этносоциологии, в частности монографии и пяти учебников. Закончил исторический факультет и аспирантуру Университета имени Тараса Шевченко (Киев). В 2001–2010 гг. – сотрудник Киевского национального лингвистического университета, Университета имени Тараса Шевченко, Института европейских исследований НАН Украины, Национального педагогического университета им.М.П.Драгоманова. В 2007-2009 – директор Центра социогуманитарных исследований им.В.Липинского.

Со-редактор
«Необходимость стратегии национального развития», «Мировые процессы информатизации и их влияние на украинское общество»
Лидия Смола, кандидат исторических наук, доцент. Автор ряда публикаций по истории пропаганды, методологии информационно-психологического влияния, аналитической деятельности, в частности монографии и двух учебников. Закончила исторический факультет, аспирантуру и докторантуру Национального университета имени Ивана Франко (Львов). В 2005–2008 годах – директор Государственного института развития семьи и молодежи Министерства Украины по делам семьи, молодежи и спорта. В 2008-2010 г. – советник Секретаря Совета Национальной безопасности и обороны Украины. С 2010 – руководитель аналитического департамента украинского подразделения корпорации Whites Communications.
Сергей Чолий, соавтор, магистр истории. Закончил исторический факультет Киевского национального университета имени Тараса Шевченко. С 2007 года – научный сотрудник центра молодежной политики Государственного института развития семьи и молодежи.

«Образ жизни населения»

Наталия Романова, кандидат педагогических наук, руководитель Центра здорового образа жизни Государственного института развития семьи и молодежи Министерства Украины по делам семьи, молодежи и спорта, старший преподаватель Национального университета «Киево-Могилянская академия». Автор многочисленных публикаций по теории и практике социальной работы с разными категориями населения. Занималась созданием студенческих социальных служб в Украине. Разработала учебную программу по формированию здорового образа жизни и профилактики негативных явлений для будущих социальных работников, которую внедрила для студентов Киево-Могилянской академии.

«Распространение социально-опасных болезней»

Татьяна Семыгина – доктор философии, доцент Национального университета «Киево-Могилянская академия». Автор многочисленных публикаций по социальной политике, в частности политики здравоохранения. Работала экспертом международных организаций, была членом экспертного совета Министерства труда и социальной политики, членом общественного совета Министерства здравоохранения.

«Перспективы развития социальной структуры»

Надежда Комарова, кандидат экономических наук, руководитель Центра теории и методики социальной работы, заслуженный работник социальной сферы, вице-президент Лиги социальных работников Украины. Автор многих публикаций по вопросам социальной работы, социальной политики, мониторинга и оценки социальных процессов, технологий социальной работы и предоставления услуг разным категориям населения.

«Миграции населения», «Молодежь и ее перспективы», «Социальный капитал», «Информационные технологии и образ жизни»

Алла Зинченко, кандидат исторических наук, доцент кафедры теории и методики связей с общественностью Киево-Могилянской академии, заместитель директора по научной работе Государственного института развития семьи и молодежи. Автор многочисленных публикаций по вопросам развития молодежного движения, положения молодежи в Украине, связей с общественностью. В 2002–2005 гг работала в Государственной социальной службе для семьи, детей и молодежи, в молодежных общественных организациях. С 2005 года – руководитель Центра молодежной политики Государственного института развития семьи и молодежи.

«Развитие аудиовизуальных медиа в современном информационном пространстве»

Сергей Гнатюк, кандидат исторических наук, главный консультант отдела гуманитарной политики Национального института стратегических исследований при Президенте Украины. Автор свыше 30 научных и научно-аналитических работ, неоднократно принимал участие в подготовке ежегодных Посланий Президента Украины к Верховной Раде Украины. Сфера научных интересов: система массовых коммуникаций, формирование информационного общества, СМИ и их развитие в Украине и мире, информационная безопасность государства и общества, информационно-коммуникативные аспекты формирования современной украинской идентичности.

«Украинская семья»

Наталия Гусь, старший научный сотрудник Государственного института развития семьи и молодежи, аспирантка Института социологии НАН Украины. Автор публикаций по проблемам семьи, гендерной политики, предупреждению насилия и противодействию торговли людьми.

«Перспективы развития экономики»

Ярослав Билоус, кандидат экономических наук. Имеет десятилетний опыт работы на руководящих должностях в крупных украинских предприятиях и дочерних компаниях международных концернов в Украине. Преподаватель кафедры экономики предприятий Киевского национального экономического университета имени Вадима Гетьмана.

«На пути политической трансформации»

Евгений Магда. Выпускник исторического факультета Киевского национального университета имени Тараса Шевченко, кандидат политических наук. Преподаватель, политический аналитик и консультант, журналист; автор сотен публикаций в печатных и Интернет-изданиях на внутриполитическую проблематику. Пресс-секретарь парламентской фракции (1999–2000 гг.), участник избирательных кампаний.

«Энергетическая безопасность», «Национальная безопасность»

Николай Сайчук, автор многих публикаций по вопросам энергетической и военной безопасности Украины в СМИ и ведомственных изданиях, имеет высшее историческое, юридическое и специальное образование. В 1999–2002 годах – помощник-консультант народного депутата Украины, главы подкомитета по вопросам газовой промышленности Комитета Верховной Рады по вопросам ТЭК и ядерной безопасности; в 2002–2003 – помощник Главного советника Главы правления НАК «Нафтогаз»; в 2003–2007 – первый заместитель Генерального секретаря, исполнительный директор ВГО «Национальный газовый союз Украины». С 2007 года – Генеральный директор ЗАО « Укргазпромполіс-Жизнь».

«Угрозы этнических конфликтов»

Виктор Котигоренко, доктор политических наук, главный научный сотрудник Института политических и этнонациональных исследований им. И. Ф. Кураса НАН Украины. Автор 13 книг, ряда брошюр и статей. Работает в редакционных коллегиях нескольких научных изданий, а также в научно-консультативных и совещательных структурах органов государственной власти Украины.

«Перспективы языково-культурного развития Украины»

Лариса Масенко, доктор филологических наук, профессор, заведующая кафедрой украинского языка Национального университета «Киево-Могилянская академия». Автор многочисленных публикаций, в частности пяти книг по социолингвистике, а также по истории украинского литературного языка, ономастики, литературоведения.

«Историко-культурное наследие Украины: состояние и пер-спективы»

Елена Титова, кандидат исторических наук, доцент, директор Центра памятковедения НАН Украины и Украинского общества охраны памятников истории и культуры, заслуженный работник культуры Украины. Автор более 200 научных публикаций по истории, теории и методике охраны культурного наследия, археологии. Трижды избиралась ученым секретарем Украинского общества охраны памятников истории и культуры, дважды – ученым секретарем Украинского национального комитета Международного совета по вопросам памятников и выдающихся мест (ICOMOS).

1. ОСНОВНЫЕ ПРОБЛЕМЫ И ТЕНДЕНЦИИ СОЦИ-АЛЬНО-ДЕМОГРАФИЧЕСКОГО РАЗВИТИЯ

Алла Зинченко, Надежда Комарова,

Наталия Романова, Татьяна Семыгина

Все основные проблемы, которые будут свойственны Украине в 2020 году, или уже существуют сегодня, или пребывают на этапе развертывания и обострения. Большинство негативных тенденций могут быть преодолены или существенно сдержаны задолго до 2020 года. Общее содержание главы может вызвать замечания к авторам по поводу «собирания чернухи» или «страшилок», но увы: социально-демографические тенденции в Укриане именно таковы, как описано ниже.

Страна стариков

Старение населения — общеевропейская тенденция, которая наблюдается также и в Украине. С каждым годом количество пенсионеров у нас будет неустанно увеличиваться — вплоть до середины XXI века. Приблизительно на 2050 год будет приходиться пик этого процесса — некоторые страны придут к нему раньше, другие — позже. В Украине «пик старения» придется почти на то же время: доля граждан «старшего возраста» — при нынешней планке пенсионного возраста составит 30 — 40% от всех граждан.

С 1994 года в Украине начался процесс стремительного сокращения народонаселения. *Вообще за период с 1990 по 2007 год украинцев стало меньше на 5 миллионов 90 тысяч.* По состоянию на 1 января 2009 г. население Украины составляло 46 143 700 человек, что на 229 000 меньше, чем насчитывалось 1 января 2008 г. По состоянию на 01.01.2009 г. число детей возрастом до 18 лет в Украине составляло 8 186 277 чел., в т.ч. 4 201 286 мужского пола (51,3% от общего количества детей) и 3 984 991 – женского (48,7%). 64% детей проживает в городских населенных пунктах, 36% – жители сельской местности.

В период 1990-2008 гг. численность детей сократилась и в городских поселениях, и в сельской местности Украины. Однако особенно интенсивно этот процесс происходил в городах, где за этот период их число уменьшилось почти вдвое, в то время как в сельской местности – на 30%. Особенностью демографического кризиса в Украине является сокращение количества детей до 14 лет и увеличение количества пожилых (которым за 65).

Выборочное обследование условий жизни домохозяйств, которое проводит Государственный комитет статистики Украины, дает возможность проанализировать семейные условия жизни детей в последние годы. По данным этого обследования, часть домохозяйств с детьми до 18 лет, которые не имели одного или обоих родителей, в общем числе домохозяйств с детьми составляла в 2007 г. – 19,2%, в 2008 г. – 19,4%. Хотя большинство украинских детей проживает в составе полной семьи (с отцом и матерью), *почти каждый пятый ребенок проживает в неполной семье, в большинстве случаев – без отца, который существенно влияет на общие условия жизнедеятельности и развития подрастающего поколения.* В большинстве случаев в семье воспитывается один ребенок: это 70,9% всех семей с детьми, в том числе в городах – 76% семей, в селах – 59,5%.

Логическим результатом этой тенденции является, кроме дефицита рабочей силы, постепенный рост налогообложения людей трудоспособного возраста. На последних будет падать чем дальше, все большее социальное бремя удержания все большего количества пенсионеров, что объективно будет сокращать возможность социального инвестирования в младшее поколение. *В структуре украинского семейного бюджета деды и бабушки понемногу начнут «объедать» внуков, – но не непосредственно, а через государственное налогово-пенсионное перераспределение средств.*

За последние годы основной причиной снижения численности населения является превышение количества умерших над количеством родившихся. При таком положении сальдо миграции приближалось к нулю (по крайней мере, зарегистрированной миграции), то есть, оно влияло несущественно. А превышение количества умерших над количеством родившихся составляло почти 2 млн. 300 тысяч. Данная статистика касается периода с 2002 г., (после последней переписи населения 2001 г.), по 2008 г. включительно. За этот период в Украине родилось 3 миллиона 900 тысяч, а умерло 5 миллионов 339 тысяч. Интенсивность смертности у нас является очень высокой. *Украине и России свойственна очень специфическая возрастная структура смертности — таковой нигде больше нет.* Ее особенностью является, в частности, то, что в Украине очень высока смертность людей трудоспособного возраста (сейчас мы наблюдаем низкую смертность в детском возрасте и высокую в трудоспособном). То есть, если взять все различные модели «вымирания», то мы узнаем, что детская смертность в Украине не очень отличается от таковой в Европе: например, смертность детей 10-летнего возраста является более высокой, чем в Европе в полтора раза, но при этом смертность 35-летних людей (в частности мужчин), является в шесть раз большей, чем в ЕС. Разница — очень непропорциональна. Демографические потери Украины здесь можно приравнять к военным. Это - основная демографическая проблема страны

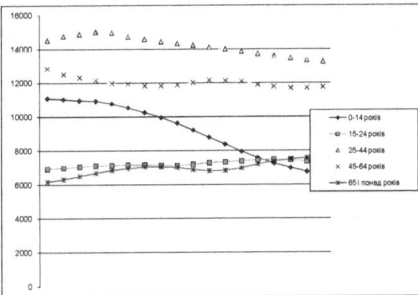

Рисунок 1.   Распределение населения по возрасту (1990–2007), *тыс. чел.*

Смертность же людей пенсионного возраста, если сравнить с Европой, не является такой разительной, хотя и является высшей в два раза (она является стабильной, и год от года остается приблизительно на одном уровне). Что касается смертности молодого поколения, то причина, к сожалению, «традиционна»: алкоголь. Если взять возрастную категорию от 15 до 60 лет, то из мужчин до пенсии доживает 61%, а из женщин — 89%. Такой ситуация была в 2008 г. Если сравнить эти цифры с данными, которые дают, например, шведские демографы, то у них с 15 лет до 60 доживает 92% мужнин и 95% женщин. Разница с украинским «стандартом» вполне ощутима.

Вопреки постепенному росту рождаемости, который наблюдается в последние годы, его очевидно недостаточно для простого воспроизводства населения. Действующая политика стимулирования рождаемости с помощью денежных выплат оказалась неэффективной, поскольку она не является решающим фактором для тех потенциальных родителей, которые хотят обеспечить своим детям хорошее образование и нормальный жизненный старт. Поэтому государственными выплатами как «основным поводом» для рождения ребенка чаще всего пользуются в «депрессивных регионах» и / или в неблагополучных семьях.

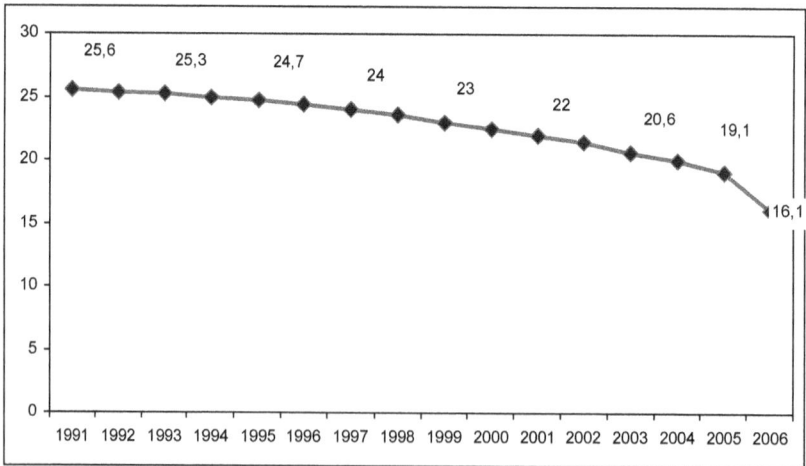

Рисунок 2.   Изменение доли детей среди общей численности населения Украины в 1991–2006 гг., %

Такая политика, возможно, и увеличивает количество новорожденных, но при этом прибавляет обществу потенциальных иждивенцев, инвалидов с детства, наследственных алкоголиков, безработных и очередную генерацию кризисных семей. А для среднего класса, который постепенно формируется, государственная помощь является лишь дополнительным вспомогательным фактором в планировании семьи. *Однако платить за демографический популизм нынешней государственной политики будет именно средний класс, и при том на долговременную перспективу.*

Статистика сокращения детского контингента Украины не может не беспокоить. Если в 1991 г. доля детей в общем количестве населения страны составляла больше четверти (25,6 %) то в 2006 она составила всего 16,1 %, то есть сократилась на 9,5 %. Такая динамика уменьшения детского населения Украины ведет к дальнейшему старению населения и изменения половозрастной структуры населения. Хотя за последние годы деторождаемость несколько возросла, это не может компенсировать потери от смертности; поэтому естественный прирост населения остается отрицательным.

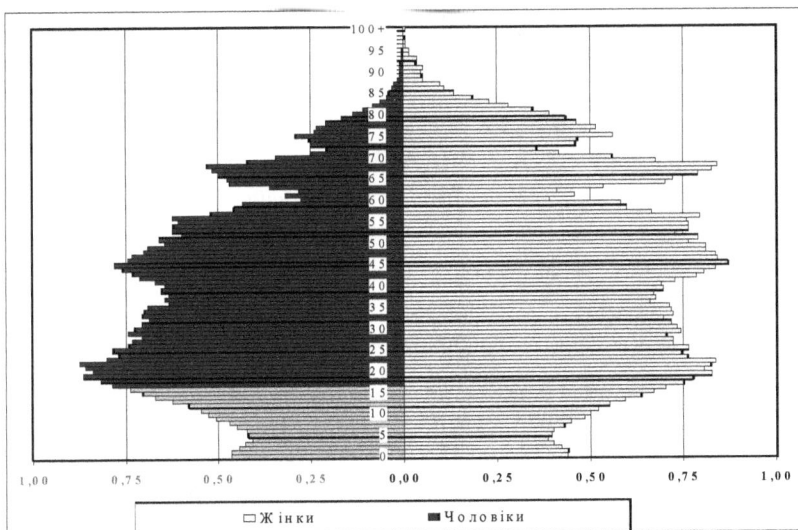

Рисунок 3.   Половозрастная пирамида населения Украины (мужчины и женщины) по состоянию на 1 января 2007 г.

Одной из причиной сокращения количества детей в Украине является увеличение возраста женщин, в котором они становятся матерями. Так, доля женщин, которые родили ребенка в возрасте до 24 лет, уменьшилась на протяжении 1991–2006 лет с 60 до 46 %, то есть на 14 %.

Далеко не последней причиной демографического кризиса является отсутствие в стране 5–7 миллионов трудовых мигрантов, которые по очевидным причинам очень редко имеют возможность принимать участие в решении демографических проблем своей родины.

Физическое здоровье

Важным показателем состояния каждого народа, который состоит из живых людей, является физическое здоровье. В свою очередь оно зависит от распространенности хронических заболеваний, социальных болезней (ВИЧ-СПИД, туберкулез, алкоголизм, наркозависимость), эпидемиологической ситуации, эффективности системы здравоохранения, развитости профилактики заболеваний, – а не только от непосредственного лечения. Для экономики страны и кармана каждого отдельного больного гражданина распространения названных явлений определяется целиком конкретными финансовыми затратами и зависит от возможностей государства и человека. В этом смысле украинские перспективы не утешают.

Более всего хронических больных и людей, которые имеют проблемы со здоровьем, – среди женщин и мужчин нетрудоспособного возраста (соответственно 75 и 66 %), что вообще не удивительно, но очень высокая их частица ныне также *среди женщин 30–54 лет и мужчин 30–59 лет (34 и 30 %)*. При этом среди последних каждый пятый страдает гипертонией или сердечными заболеваниями, каждый седьмой имеет язву желудка или двенадцатиперстной кишки, каждый девятый – хронический бронхит, эмфизему легких, артроз, артрит (в том числе ревматоидный). А среди женщин в возрасте 30–54 лет почти каждая третья страдает от гипертонии, каждая пятая – от сердечных болезней, каждая девятая – от артрозу, артрита (в том числе ревматоидного), а также от мигрени, частой головной боли.

Распространенность этих болезней не является чем-то странным, но объективная оценка украинской ситуации зависит от социальных факторов их распространения, возможности граждан получить надлежащую профилактику и лечение. Вообще все названные болезни непосредственно касаются не только уровня развития заведений здравоохранения, но и *образа жизни людей*, то есть того, насколько они физически активны, или правильно и рационально питаются, или имеют негативные привычки, как часто подвергаются стрессам и т.д. Здоровый образ жизни здесь является очевидным партнером медиков, – но система здравоохранения также всегда должна обращать внимание на профилактику, а не только на лечение.

Важно обратить внимание на то, что на сегодня медицинские учреждения в Украине не ведут профилактическую работу, а занимаются преимущественно лечением больных. Профилактические же заведения, как правило, больше ориентированы на восстановления здоровья пациентов *после болезни*.

Во время всеукраинского исследования домохозяйств выяснилось, что в 18 % случаев, когда члены семей нуждались в медпомощи, они не могли ее получить. Это – *почти пятая часть населения страны*!

Основной причиной недоступности отдельных видов медпомощи подавляющее большинство украинских граждан считает слишком высокую стоимость лекарств, медицинского товаров, услуг здравоохранения. Также большинство опрошенных указало, что им очень сложно находить необходимые материальные ресурсы для проведения необходимого лечения, которое практически на 90 % является платным (в первую очередь это касается медикаментов и непосредственного лечения в больнице), хотя официально сами медицинские услуги должны предоставляться бесплатно.

Итак, так называемая «бесплатная медицина» в Украине весьма дорого обходится обществу. Медицинским учреждениям при существующей системе экономически невыгодно проводить профилактику заболеваний среди населения. И едва ли мы можем обвинять в этом лишь медицинские структуры или врачей. Однако, следует заметить, что украинские медики уже больше работают на фармацевтические компании, чем на здоровье общества. Лечить ныне стало значительно выгоднее, чем предупреждать заболевание, но этот вопрос – к *приоритетам* государственной политики в этой области. Тогда как значительное количество украинцев недовольно состоянием собственного здоровья и уровнем развития здравоохранения в государстве, в противоположность этому – просто возрастает количество лечебных и аптечных заведений (и их услуги с понятных причин пользуются спросом). *Работающий украинец работает «на аптеку», потому что не имеет возможностей регулярно контролировать состояние собственного здоровья, а к врачам вынужден обращаться лишь когда проблема приобретает неотвратимый характер. И тогда часто выясняется, что у него нет достаточных средств, чтобы ее исправить.*

Отдельно нужно сказать о состоянии здоровья детей как будущего украинской нации. Процесс депопуляции в стране уже имеет все признаки демографического кризиса, а следовательно, сохранения жизни и здоровье каждого ребенка приобретает чрезвычайно важное, общегосударственное значение. Украина обязалась перед Организацией Объединенных Наций до 2015 года снизить смертность детей в возрасте до пяти лет на две трети (сравнительно с 1990). Но, по состоянию на 2007 год вопрос продолжал оставаться острым и тенденций к улучшению пока что не появилось.

Низкий уровень доступности качественной первичной медико-санитарной и специализированной медпомощи отрицательно влияет на раннее выявление заболеваний у детей, предопределяет высокие показатели смертности и увеличивает затраты на здравоохранение. Основным интегрированным показателем, который отображает состояние здоровья детей в возрасте до одного года, является показатель смертности грудных детей, – он применяется мировой общественностью для определения уровня социально-экономического развития и эффективности деятельности системы здравоохранения в стране. После 1990 г., когда в Украине уровень смертности детей до одного года составил 12,8 случая на 1000 родившихся, этот показатель возрос – до 14,9 в 1993. И хотя после 2006 года он ощутимо снизился – до 9,8 случая на тысячу деторождаемостей, это дает возможность Украине занять *лишь 120-то «рейтинговое» место среди стран мира.*

Среди причин смертности детей в возрасте до одного года 70 % составляют те, которые зависят от состояния здоровья матери, доступности и качества медпомощи женщине во время беременности, родов и самому новорожденному; а 16 % – это причины (несчастные случаи, травмы и отравления, болезни органов дыхания, инфекционные болезни), которые в большинстве случаев можно предотвратить.

О низком уровне доступности специализированной медпомощи свидетельствует то, что среди всех детей, умерших в возрасте до одного года, лишь половина умерла в отделениях анестезиологии и реанимации, еще 15 % умерло дома без предоставления медицинской помощи, 11 % – в условиях центральных районных больниц, 17 % – в родовых стационарах, большинство которых не имеет условий для предоставления медицинской помощи детям в критическом состоянии (из-за отсутствия оборудования и подготовленных специалистов).

Кроме медицинских причин, на детскую смертность влияют и социально-экономические, поскольку она является чувствительным показателем неравенства и бедности. Согласно данным Всемирной организации здравоохранения (ВОЗ), дети в странах с низким и средним уровнем благосостояния имеют риск умереть к достижению ими пяти лет в десять раз высший, чем дети в экономически развитых странах. На формирование показателя смертности детей влияет и уровень образования и гигиеничной культуры родителей. По данным социологических исследований, в Украине лишь 28 % родителей, которые имеют детей в возрасте до одного года, считают необходимым постоянное медицинское наблюдение за ребенком.

Итак, высокий уровень смертности грудных детей свидетельствует о необходимости употребления неотложных мероприятий по социальной поддержке малообеспеченных семей с детьми и тех семей, которые оказались в сложных жизненных условиях, повышение уровня их осведомленности о здоровом образе жизни, создание безопасной для ребенка среды.

Продолжает возрастать и уровень инвалидности детей, который ныне составляет уже 191 случай на 10 тысяч детей (еще в 2005 году он составил 177,6). По состоянию на 1 января 2007 года численность детей-инвалидов в возрасте до 18 лет в Украине достигла 168 128 лиц (в 2005 – 162 101). То есть среди детского населения Украины около 1,9 % имеют статус ребенка-инвалида. Наиболее острой проблемой это является для детей, которые проживают в сельской местности, о чем свидетельствуют высшие показатели их заболеваемости и смертности – сравнительно с городскими детьми. Одна из причин такого состояния – практическое отсутствие в сельской местности социальной инфраструктуры для реабилитации детей-инвалидов.

Алкоголизм

За последние десять лет количество пивных алкоголиков (алкозависимых, употребляющих пиво) в Украине возросла в 10–12 раз.

Специалисты говорят о наличии большой проблемы именно с пивной зависимостью: в 90-х годах прошлого столетия таких больных было один-два на 100 алкоголиков, а сегодня их уже больше десяти. На рост пивного бума существенно повлиял миф о безопасности пива и его относительную пользу. Досадно, но в зависимость все чаще попадают дети, молодежь и люди, которые выполняют интеллектуальную работу («белые воротнички»). Больше половины опрошенных разного возраста каждую неделю употребляют один-два раза хотя бы одну порцию пива, свыше трети – три-пять раз. Пивная зависимость более характерна для городских жителей (специалисты называют цифру от 15 до 25 % лиц среди всех жителей мегаполисов).

В Украине имеет место тенденция к потере генофонда нации через алкоголизм. Так, Институт демографии и социальных исследований НАНУ прогнозирует, что различие между уровнями смертности мужчин и женщин со временем уменьшится – вследствие стирания гендерных отличий между их образами жизни. *Постепенно количество женщин, которые курят и употребляют алкоголь, уравняется с количеством мужчин.*

Регулярное употребление алкоголя на пять-семь лет сокращает продолжительность жизни человека. Каждый год в Украине по причинам, обусловленным алкоголем, умирают свыше 40 тысяч лиц. Это больше, чем количество погибших на дорогах, но на последнее можно повлиять более жесткой политикой штрафования и автоматизацией контроля. Относительно алкоголизма нужны системные усилия.

«Региональный рейтинг» негативных социальных явлений

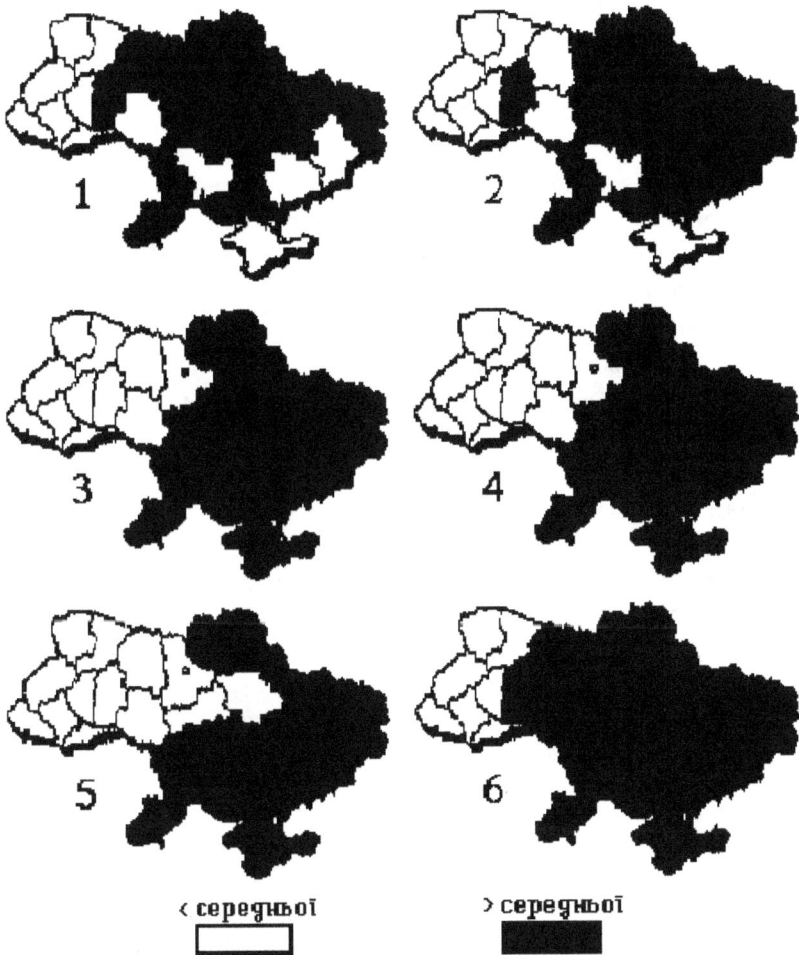

Рисунок 4. Распространенность некоторых социально негативных явлений (по регионам; ниже средней и выше средней). *Условные обозначения:* 1 – распространенность алкоголизма в Украине (1994–2003 гг.); 2 – общая распространенность наркозаболеваний в Украине (1994–2003 гг.); 3 – распространенность преступных проявлений в регионах Украины (1999 г.); 4 – суициды в регионах Украины (1995–2002 гг.); 5 – продолжительность жизни в Украине (1997 г.); 6 – депопуляция в регионах Украины (1995–2003 гг.).

В Украине сейчас фиксируется около 25–30 % случаев детской патологии новорожденных, и чаще всего причиной этого является именно алкоголь, то есть употребление алкоголя как матерью, так и отцом, - но на официальном уровне это замалчивается.

В Украине официально зарегистрировано и поставлено на наркологический учет около 730 тысяч людей, которые имеют алкогольную зависимость. Но это – лишь количество тех людей, которые обращались за медпомощью и зарегистрированы в медицинских заведениях. Оценка распространености алкоголизма в Украине, проведенная независимыми международными организациями, показывает совсем иную цифру – *2,5 миллиона граждан нашего государства являются зависимыми от алкоголя.*

В Украине на сегодня 40 % детей (от 14 до 18 лет) уже «присоединились» к употреблению алкоголя, – и это при том, что алкогольные напитки лицам до 18-ти, согласно законодательству Украины, продавать запрещено. Но статистика удостоверяет другую картину. Последние исследования показывают, что увеличилась на 16% количество потребителей спиртных напитков (с 2473 в 2007 г. до 2878 детей — в 2008 г.). В то же время, количество выявленных работниками служб по делам защиты детей фактов нарушений правил торговли алкогольными напитками уменьшилась с 3051 до 2629.

Среди опрошенных 15–16 летних подростков около 25 % признались, что начали употреблять алкоголь, когда им еще не было и 13. Дальше – больше. Почти 40 % тех, кому сейчас 11–12 лет, уже «попробовали» алкогольные напитки. То есть, возраст первой попытки спиртного постепенно снижается.

Еще несколько показательных цифр. Во время опрашивания признались, что были пьяными хотя бы раз в жизни, 20 % шестиклассников, почти 70 % первокурсников профессиональных училищ; попадались в этом состоянии от 4–10 раз и чаще – 2 % шестиклассников и почти 20 % первокурсников. За последние четыре года еженедельное употребление крепких напитков сред 15-летних девушек и 13-летних юношей возросло больше чем в полтора раза. Такая неутешительная тенденция может привести к тому, что молодые люди в раннем возрасте, когда их организм еще не целиком сформировался, уже будут становиться зависимыми от алкоголя.

Приятно было бы отметить, что в некоторых регионах распространенность алкоголизма снижается, – *если бы это происходило не благодаря... развертыванию наркозависимости.*

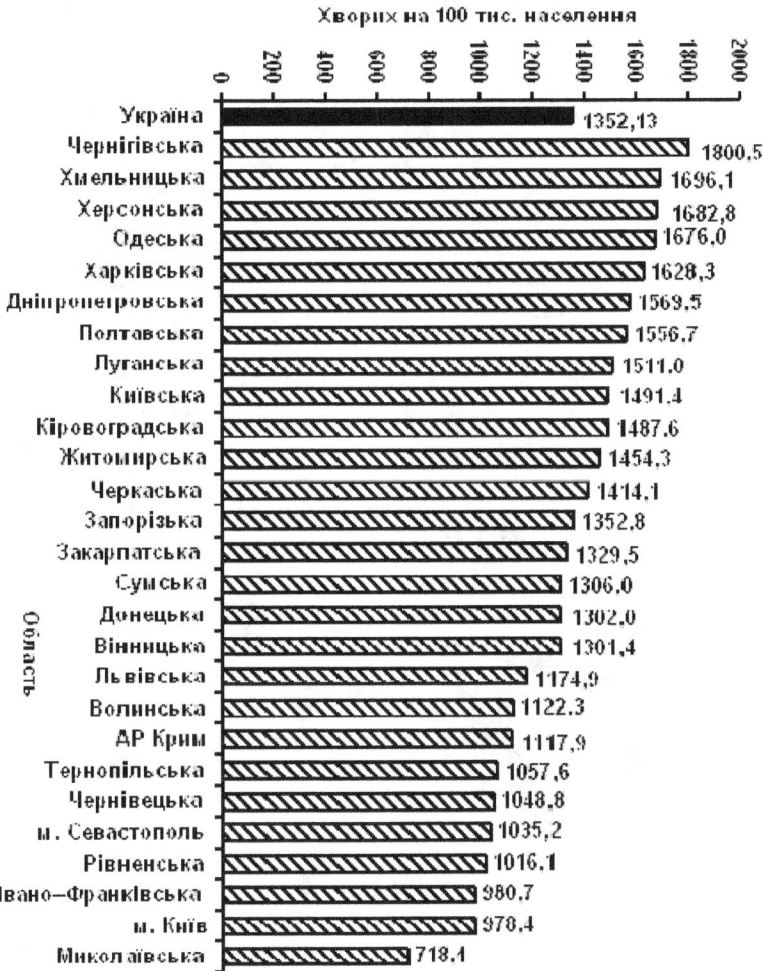

Хворих на 100 тис. населення

Область	Значення
Україна	1352,13
Чернігівська	1800,5
Хмельницька	1696,1
Херсонська	1682,8
Одеська	1676,0
Харківська	1628,3
Дніпропетровська	1569,5
Полтавська	1556,7
Луганська	1511,0
Київська	1491,4
Кіровоградська	1487,6
Житомирська	1454,3
Черкаська	1414,1
Запорізька	1352,8
Закарпатська	1329,5
Сумська	1306,0
Донецька	1302,0
Вінницька	1301,4
Львівська	1174,9
Волинська	1122,3
АР Крим	1117,9
Тернопільська	1057,6
Чернівецька	1048,8
м. Севастополь	1035,2
Рівненська	1016,1
Івано-Франківська	980,7
м. Київ	978,4
Миколаївська	718,1

Рисунок 5. Распространение алкозависимости в регионах Украины (количество больных на 100 тыс.населения)

Наркозависимость

По данным Министерства здравоохранения Украины, на начало 2006 года количество наркозависимых, которые находились на диспансерном наркологическом учете, составила 84 325 лиц (это в среднем приблизительно 179 зависимых на 100 тысяч населения, с которых свыше 117 случаев приходится на мужнин и близко 62 – на женщин).

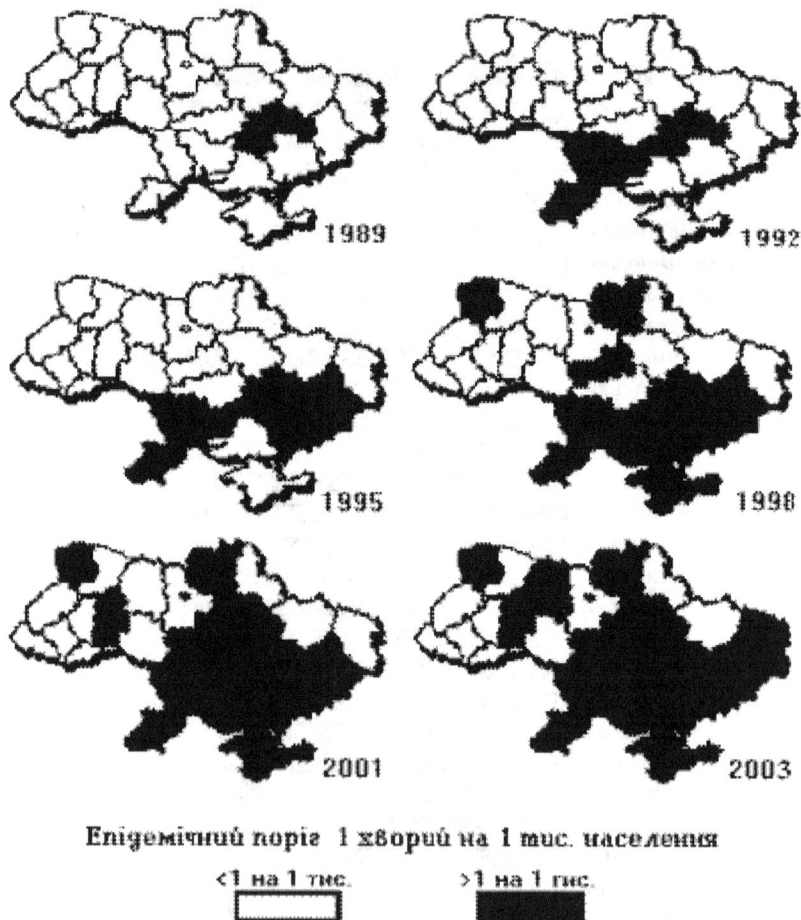

Епідемічний поріг 1 хворий на 1 тис. населення

<1 на 1 тис.   >1 на 1 тис.

Рисунок 6.   Динамика распространения наркомании в Украине на протяжении 1989–2003 лет (по регионам; до епидемического порога и выше)

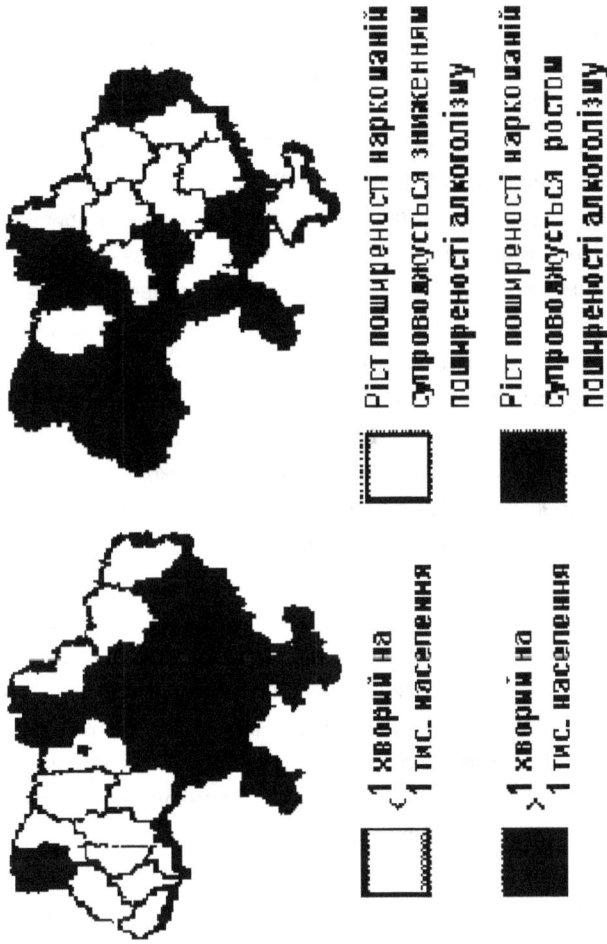

Рисунок 7.   Распространенность наркомании и направление динамик развития эпидемий зависимости от алкоголя и наркотиков (левая схема – по доле больных; правая - белый цвет: рост распространения наркомании сопроповождается снижением распространения алкоголизма; черный цвет: рост распространения нарокомании сопровождается ростом распространения алкоголизма)

Еще 32 663 лица (почти 70 случаев на 100 тысяч) находились на профилактическом наркологическом учете. Итак, *на 1 января 2006 года в Ук-*

раине вообще на учете находилось 116 988 лиц с наркотическими про-
блемами (248,4 случая на 100 тысяч жителей. Для сравнения: еще в
1990 г. количество зарегистрированных с наркотической зависимостью
составляла 22 466 лиц.

Тем временем, по информации Министерства внутренних дел Украины, по состоянию на 1 февраля 2006 года 152 тысячи лиц было зарегистрировано органами милиции через криминальные причины, связанные с наркотиками (в это число вошли и те, кто незаконно, то есть не по
медицинским назначениям, употреблял наркотические вещества). *Очевидно, что такая статистика МВД «намекает» нам на очевидное несоответствие реалиям статистики наркозависимости МОЗ, – особенно если логически предположить, что количество тех, кто попал
«на глаз» милиции в этой сфере, значительно меньшая по численности тех, кто регулярно употребляет наркотики.*

Приведенные карты- схемы не оставляют сомнения в том, что такое предположение является правдой.

Суициды

Смерть от суицида в Украине – на втором месте после естественной
смерти и смерти от внешних причин. Беспокоит тот факт, что среди лиц,
которые прибегают к самоубийству, – много подростков, которым нет
еще и 14-ти. По данным Государственного комитета статистики, ныне в
нашем государстве на 100 тысяч жителей приходится 22 самоубийства,
и такой показатель *вводит Украину в мировую «десятку» по уровню
самоубийств.*

К суициду склонны представители всех социальных слоев и полов –
безработные и зажиточные, мужчины и женщины. Причинами желания
уйти из жизни становятся не только личные, внутренние психологиче-
ские нелады, но и социальные факторы, в частности высокий уровень
общественной нестабильности, разрыв социальных связей, рост количества стрессов, кризис института семьи, упадок влияния традиционных
религий, резкая ломка системы общественных ценностей. Итак, не удивительно, что в мировой «суицидную десятку» входят преимущественно
постсоветские и постсоциалистические страны.

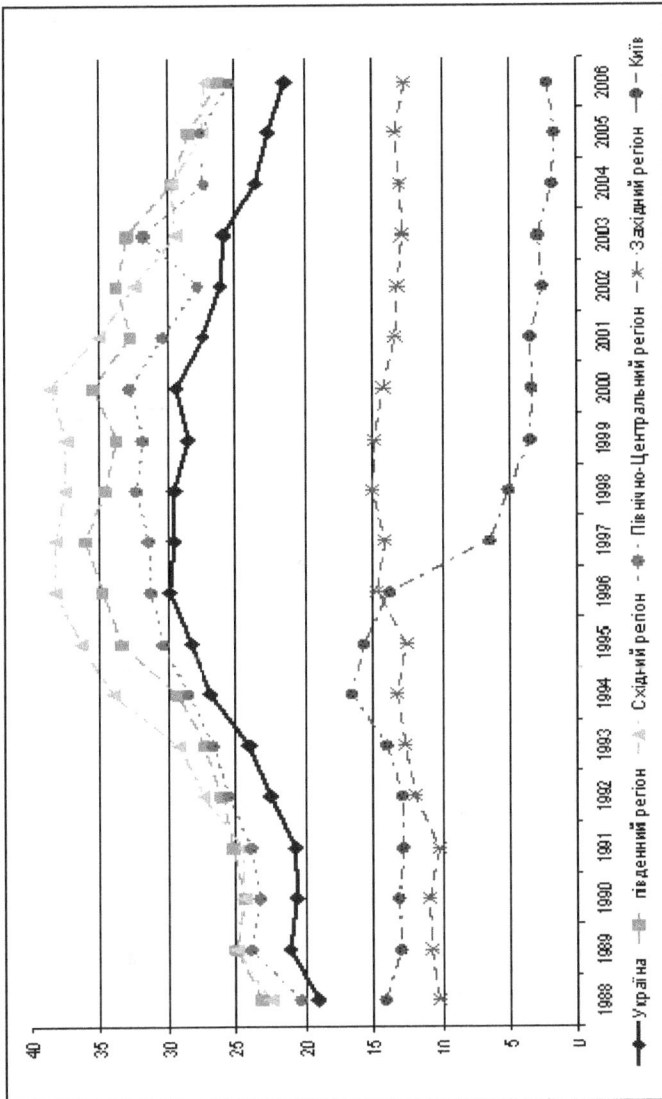

Рисунок 8.   Распределение уровня самоубийств по Украине и регионам в 1988–2006 годах (на 100 тыс. жителей; линии: Украина в целом, южный регион, восточный регион, северно-центральный регион, западный регион, Киев)

За 15 лет независимости Украины (1991–2006) вследствие самоубийств вообще погибло 207 609 лиц, а это почти 0,5 % жителей страны. Эта цифра приблизительно равняется численности населения таких украинских городов как Тернополь или Ивано-Франковск. Каждый год за последнее десятилетие добровольно уходят из жизни свыше 10 тысяч человек. Эти ужасные цифры свидетельствуют об огромном масштабе проблемы распространения саморазрушающего поведения в Украине.

Высокий уровень самоубийств (свыше 25 смертей на 100 тысяч населения) фиксируется во всех регионах страны, кроме Западного, с тенденцией сближения этих показателей в последние годы. Среди областей Украины наивысшие значения наблюдаются в Сумской, Черниговской и Кировоградской областях. График дает четкую картину распространенности суицида в Украине.

Добровольная смерть — это явление, на которое, как мы уже говорили, ощутимо влияет социально-экономическая нестабильность в государстве. Именно поэтому в особенно неспокойную середину 90-х уровень самоубийств стремительно повысился преимущественно среди мужчин и в наиболее промышленно развитых регионах страны. Даже в относительно более стабильном с социальной точки зрения Киеве каждый год вследствие осуществления самоубийства умирает ок. 500 лиц.

Если же рассматривать эту проблему с точки зрения различия между городом и селом, то социологические исследования свидетельствуют, что сельские жители в среднем в 1,33 раза чаще заканчивают жизнь самоубийством, чем городские. Это является выразительной характеристикой того психологического состояния, в котором находится украинское село (особенно в незападных регионах страны, где меньшее влияние религии и где больше распространен алкоголизм).

Туберкулез

Распространение заболевания туберкулезом отражает уровень образованности и благосостояния того или другого общества. Ведь он процветает в странах, которые находятся в трудном социально-экономическом положении и имеют низкий уровень жизни. Вот почему правительства высокоразвитых стран считают борьбу с этой болезнью первоочередным направлением своей политики и финансируют противотуберкулезные меры.

В Украине туберкулез обозначает именно то, что он обозначает во всем мире.

С 1992 по 2006 год в нашей стране *заболеваемость* туберкулезом во всех вековых группах *возросла в 2,4 раза. В 1995-м в Украине была зарегистрирована эпидемия туберкулеза – количество больных превысило 1 % населения.*

Эта эпидемия неустанно прогрессирует и приобретает угрожающие масштабы. Несмотря на определенные противотуберкулезные меры, которые осуществляются в государстве, ситуация продолжает ухудшаться. Уже в 2005 г. количество людей, больных этой социально опасной болезнью в Украине, составляла почти 1,4 % всего население то есть 86 случаев на 100 тысяч жителей).

Наивысший уровень распространенности этой болезни по состоянию на 2005 г. было зафиксировано в Херсонской, Луганской, Николаевской и Кировоградской областях, тогда как до 1995 года доминировали Ровенская, Житомирская и Херсонская. По данным Национального института фтизиатрии и пульмонологии им. Ф. Г. Яновского, за 2006–2007 года заболеваемость населения всеми формами туберкулеза уменьшилась – на 4,1 %. *Однако нужно обратить внимание на мнению тех специалистов, которые считают, что официальная цифра больных туберкулезом является приуменьшенной по меньшей мере втрое.*

От этой болезни каждый год умирает 10–11 тысяч людей. Статистика свидетельствует о том, что в Украине *ежедневно регистрируется 82 новых больных туберкулезом, а 30 больных – умирает.*

Особенностью распространения туберкулеза в Украине является его позднее выявление, которое характеризует общее состояние системы профилактики заболеваний в государстве. Количество людей, у которых туберкулез показало лишь вскрытие, составляет почти 10 % зафиксированных случаев болезни.

Показательным является то, что *80 % больных туберкулезом находятся ниже предела бедности.* Вместе с тем возрастает количество и тех, кто заболел, среди представителей относительно благополучных, даже зажиточных групп населения.

Наивысший уровень смертности от этой болезни – среди лиц трудоспособного возраста (40–59 лет), а также людей преклонного возраста. Однако за последние 10 лет в 1,6 раза возросла заболеваемость туберкулезом среди детей и молодежи, и этот рост продолжается. Так, в 2004 году заболеваемость активным туберкулезом среди детей в возрасте до 14 лет составляла 9,3 случая на 100 тысяч населения, тогда как в 1990-м – лишь 4,6. Количество детей в группах риска заболевания туберкулезом ныне составляет почти 200 тысяч. Этот показатель за последнее десятилетие возрос более чем на 200 % !

Распространяется туберкулез и среди ВИЧ-положительных людей, которые имеют сниженный иммунитет. *Поэтому больше половины больных СПИДом имеет еще и туберкулез, который и становится основной причиной их смерти, заменив воспаление легких.* В 2007 году заболеваемость туберкулезом в сочетании с болезнью, обусловленной ВИЧ/СПИДом, ощутимо возросла и составила 2 345 больных в абсолютных числах, или 5 случаев на 100 тысяч населения (в 2006 – соответственно 1 987, или 4,3 случая на 100 тысяч).

По критериям Всемирной организации здравоохранения, показатель заболеваемости на туберкулез, который достигает 30 случаев на 100 тысяч населения, отвечает *высокому* ровню заболеваемости. В Украине он, как отмечалось раньше, официально представляет свыше 80, поэтому наше государство отнесено к группе стран с высоким уровнем заболеваемости на туберкулез.

Эпидемические показатели относительно туберкулеза в Украине в 10–12 раз выше соответствующих в развитых странах, однако они находятся на уровне других стран СНГ, но выше, чем в большинстве стран Центральной и Восточной Европы. В частности, этот показатель, по данным ВОЗ, у Беларуси составляет 52 случая на 100 тысяч жителей, в Польши – 25, в Чехии – 11, в Болгарии – 39, в Литве – 75. Кое-что высшие за украинский показатели заболеваемости в Российской Федерации и Румынии – 87 и 127 случаев на 100 тысяч населения соответственно.

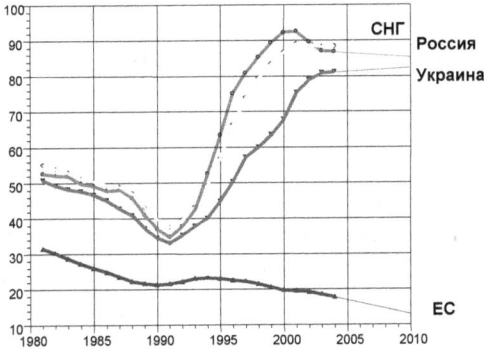

Рисунок 9.   Заболеваемость туберкулезом на 100 тыс. населения, все формы

Показательно, что наиболее низкий уровень распространенности этого заболевания фиксируется в тех населенных пунктах, где более благополучная социальная ситуация, а особенно там, где высокая занятость населения. Ведь для того, чтобы туберкулез подвергался лечению, больному, кроме медпомощи, нужны сухая квартира, щадящий режим работы, отсутствие страха перед будущим и, что особенно важно, усиленное питание. Очень часто *бедные люди не могут позволить себе надлежащим образом заботиться о своем здоровье*, тем более – находиться в противотуберкулезном заведении на протяжении нескольких месяцев (иногда до года), как это предусматривает сформированная в Украине метода лечения туберкулеза.

Рост заболеваемости в селах частично связывают из алкоголизацией населения. Пьянство, безусловно, тоже влияет на распространение патологии.

Однако не следует забывать, что, кроме социальных факторов, которые содействуют эпидемии туберкулеза в Украине, самая стратегия и средства лечения этой опасной болезни и деятельность в этом направлении государственных медицинских заведений являются крайне неэффективными, если не провальными.

ВИЧ/СПИД

ВИЧ, как и туберкулез, более всего распространен в бедных странах. Преодоление эпидемии требует от правительств многих системных мер как социально-профилактического, так и лечебного характера. Считается, что ВИЧ/СПИД – это одна из фундаментальных угроз не только здоровью наций, а и общей безопасности человечества.

По уровню распространенности ВИЧ/СПИДа и темпами роста эпидемии СПИДа Украина занимает первое место в Европе. По оценкам экспертов, в нашей стране ВИЧ-инфицировано 1,63 % населения в возрасте 15–49 лет. Однако лишь незначительная часть людей знает о своем статусе. По официальным данным Министерства здравоохранения, на октябрь 2007 года в Украине было зарегистрировано 102 523 случая инфицирования ВИЧ (это кумулятивная, то есть накопительная, статистика с 1987 года).

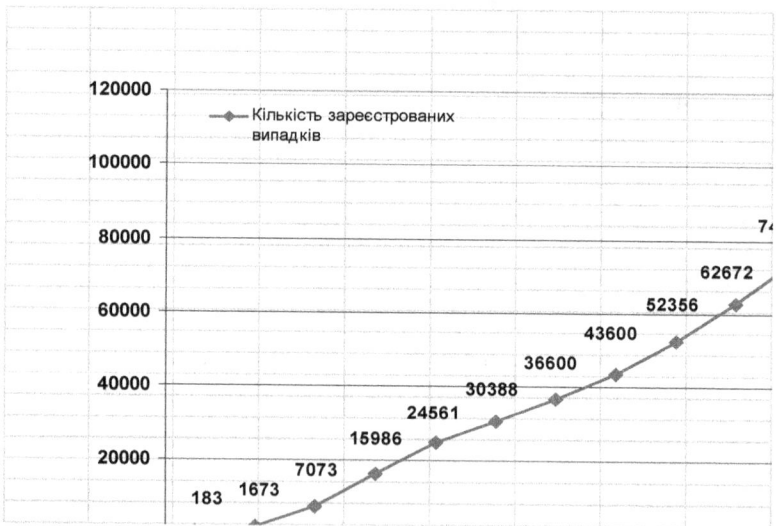

Рисунок 10. Динамика регистрации случаев ВИЧ-инфекции в Украине в 1987–2006 годах *(накопительные данные)*

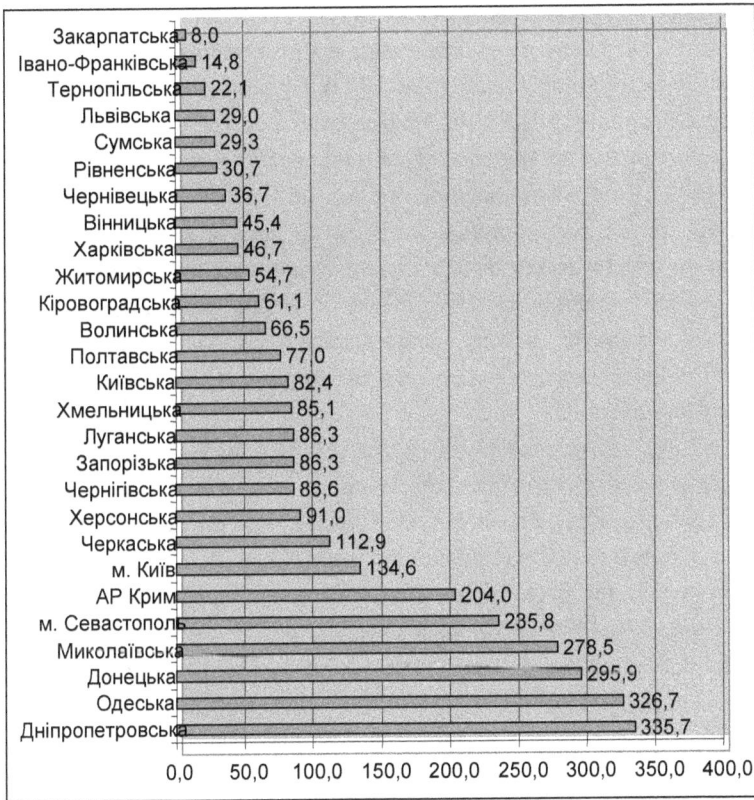

Регион	Значение
Закарпатська	8,0
Івано-Франківська	14,8
Тернопільська	22,1
Львівська	29,0
Сумська	29,3
Рівненська	30,7
Чернівецька	36,7
Вінницька	45,4
Харківська	46,7
Житомирська	54,7
Кіровоградська	61,1
Волинська	66,5
Полтавська	77,0
Київська	82,4
Хмельницька	85,1
Луганська	86,3
Запорізька	86,3
Чернігівська	86,6
Херсонська	91,0
Черкаська	112,9
м. Київ	134,6
АР Крим	204,0
м. Севастополь	235,8
Миколаївська	278,5
Донецька	295,9
Одеська	326,7
Дніпропетровська	335,7

Рисунок 11. Распространенность ВИЧ-инфекции и СПИДа среди граждан Украины по регионам на 1 января 2006 года (*по данным диспансерного учета, на 100 тыс. население)*

Первый случай заболевания на ВИЧ в Украине был зарегистрирован в 1987 г., а уже с 1994-го проблема начала приобретать признаки эпидемии. *В течение последнего десятилетия частота ВИЧ-инфицированный возрастает тревожными темпами – в среднем ежегодно на 33 %.*

Вопреки внедрению в Украине масштабных программ противодействия, финансированных преимущественно международными донорами, в течение последних пяти лет наблюдается как рост инфицирования ВИЧ, так и смертности от СПИДа. Согласно некоторым источникам, официальные показатели смертности могут представлять лишь определенную часть истинного количества смертей от этой инфекции. По оценкам Международного альянса ВИЧ/СПИД в Украине, на каждого человека, который умирает от СПИДа, приходится трое ВИЧ-Положительных лиц (преимущественно молодых инъекционных наркозависимых), которые умирают от вторичных причин – от передозировки до самоубийства.

Особенностью распространения этой социально опасной болезни является то, *что ее эпидемия совпала во времени с эпидемией туберкулеза,* о чем мы писали выше. Эти болезни, взаимно усиливая друг друга, разрушают иммунную систему человека. Поэтому подавляющее большинство ВИЧ-Инфицированных (ок. 60 %) умирает от легочного и внелегочного туберкулеза.

ВИЧ/СПИД – это болезнь молодых. Среди выявленных ВИЧ-Инфицированных граждан Украины львиная доля приходится на лица репродуктивного и трудоспособного возраста – 15–49 лет (ок 95 %), из них почти каждый пятый – молодой человек 18–24 лет.

Крайне высокий риск заразиться ВИЧ имеют *потребители инъекционных наркотиков и работники секс-бизнеса.* Но в последние годы *эпидемия ВИЧ постепенно смещается от групп высокого риска в сторону общего населения – и более всего поражает детей и женщин.* Особенно очевидно это в регионах, где высокий общий уровень распространения ВИЧ. Так, в Одесской и Николаевской областях значительная часть беременных женщин в городских районах являются ВИЧ-Положительными (свыше 1 %), что может свидетельствовать о перерастании эпидемии с *концентрированной* (то есть сосредоточенной на определенных подверженных группах) на *генерализованную,* общую (то есть такую, которая представляет опасность для всего населения).

Распространенность ВИЧ и СПИДа в Украине значительно выше, чем в западноевропейских странах и даже в странах СНГ.

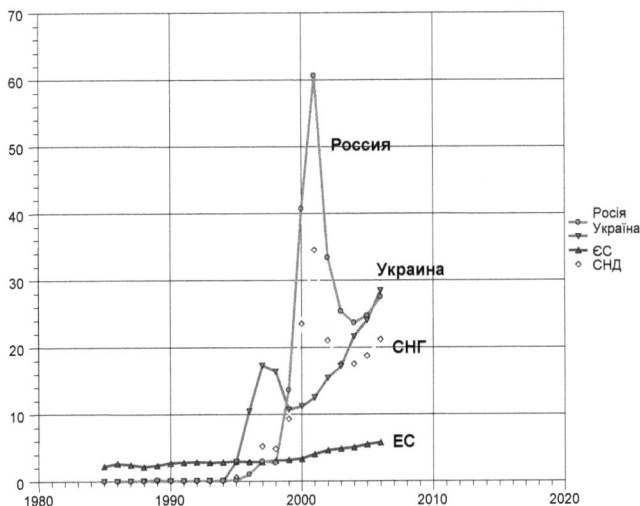

Рисунок 12.   Случаи ВИЧ-Инфицирования на 100 тыс. населения

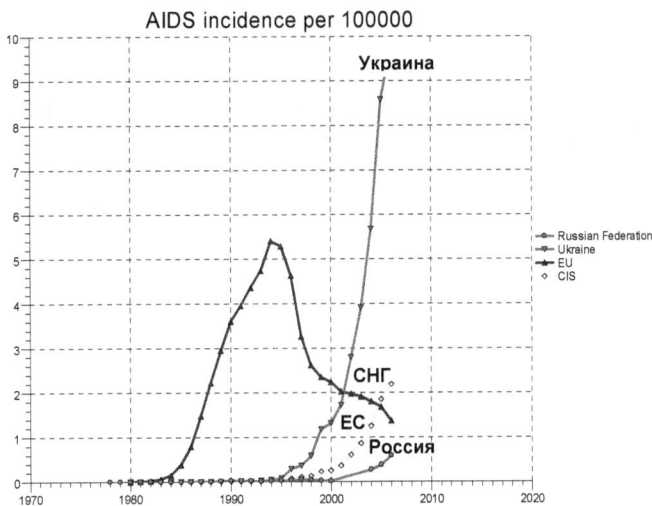

Рисунок 13.   Случаи СПИДа на 100 тыс. населения

Итак, эпидемия этой крайне опасной инфекции в Украине продолжает распространяться. Возрастает количество новых случаев инфицирования ВИЧ и заболевание СПИД. Увеличивается число детей, которые рождаются ВИЧ-Инфицированными женщинами.

Причины развертывания ВИЧ-Эпидемии – те же, что и распространения туберкулеза: социальный фактор (о котором мы достаточно говорили выше), неэффективность государственной системы здравоохранения и неправильные стратегии преодоления проблемы. Относительно последнего, важно подчеркнуть: на этапе, когда в Украине разворачивалась *концентрированная* эпидемия ВИЧ/СПИДа (европейская модель), по которой высший риск инфицирования имеют представители уязвимых к ВИЧ групп – потребители инъекционных наркотиков, женщины коммерческого секса, заключенные, гомосексуалисты, меры государственной политики планировались как для *генерализованной* эпидемии, когда предполагается, что заболевание является опасным для всего населения (африканская модель). Соответственно были смещены и акценты в финансировании: от профилактических мер, которые должны были бы доминировать, – к лечебным, то есть к борьбе со следствиями. Это касается как финансирования из Государственного бюджета Украины, так и бюджета Глобального фонда для борьбы с ВИЧ, туберкулезом и малярией, который выделяет существенные средства на противодействие эпидемии ВИЧ/СПИДу в Украине.

Такой подход обозначился, конечно же, и на уровне привлечения населения к преодолению эпидемий и на отношении последнего к обозначенным проблемам. Так, по данным исследования, проведенного Государственным институтом развития семьи и молодежи в мае 2007 года, значительная часть молодых не принимала участие в профилактических мероприятиях по вопросам ВИЧ/СПИДа (76 % респондентов) и не получала (по крайней мере за те шесть месяцев, относительно которых велось опрашивание) никаких печатных информационных материалов по вопросам его профилактики (65 %). Это свидетельствует о том, что избранная стратегия привела, вместо преодоления эпидемии, к фактическому содействию ее распространению.

Итак, политика Украины в противодействии эпидемии ВИЧ/СПИДу (и туберкулеза) применила традиционную советскую модель здравоохранения, ориентированную преимущественно на лечение, а не на меры охраны общественного здоровья. Результаты исследований подтверждают, что система предоставления услуг здравоохранения в Украине четко ассоциируется: 1) со структурной неэффективностью системы медпомощи, 2) с отсутствием последовательной политики общественного здоровья, 3) с дефицитом обученного персонала, 4) с широко распространенной стигматизацией (то есть социально-психологической дискриминацией) уязвимых к ВИЧ людей, 4) с коррупцией.

Международные доноры разочарованы отсутствием в нашей стране координирования государственной политики относительно заместительной терапии и других вопросов, а также неэффективностью правительства в использовании донорских средств. Например, в апреле 2006 года Мировой банк объявил о замораживании проекта на сумму 60 миллионов долларов США, призванного остановить распространение в Украине ВИЧ и туберкулеза и рассчитанного на четыре года, – именно через *неспособность нашего правительства распределить средства и воплощать соответствующие программы*. То, что проект этот был восстановлено в том же году (на условиях, что Украина улучшит его координирование и реапизацию), свидетельствует: международные доноры все еще надеются, что мы таки возьмемся за решения наших проблем так, как надлежит.

Миграции

Во внешних миграционных потоках основным партнером Украины остается регион СНГ: например, в 2005 г. среди прибывших в Украину 84,5 % представляли иммигранты из стран СНГ; из выбывших – 62,5 % выехало туда же. Однако, все больше украинских граждан выезжает за границы этого региона. Хотя основными странами эмиграции украинцев все еще остаются Израиль и Германия, эксперты удостоверяют, что для Украины период этнической эмиграции практически заканчивается, и ныне активно распространяется эмиграция трудовая. В поисках работы очень много украинцев эмигрируют, в частности, в Португалию, Канаду и США.

Причиной существенного увеличения численности трудовых мигрантов стало влияние глобализации рынков труда и значительный разрыв в уровнях жизни населения Украины и экономически более развитых стран. По европейским прогнозам, в ближайшие 20 лет Европе потребуется до 20 миллионов работников – выходцев из других стран. Но уже сегодня Украина превратилась на поставщика дешевой и довольно квалифицированной рабочей силы для многих стран близкого и далекого зарубежья. *По экспертным оценкам, от 5 до 7 миллионов наших граждан (или каждый пятый украинец трудоспособного возраста) работает за границей. Из них только ок 500 тысяч лиц трудятся там легально.*

Согласно результатам социологического мониторинга, который проводится Институтом социологии НАН Украины, из года в год возрастает численность домохозяйств, которые имеют в своем составе внешних трудовых мигрантов (одного или нескольких). Так, в 2006 году таких семей уже было 15,8 %. Динамику роста численности украинских семей, которые поставляют своих членов на трудовые рынки мира, можно проследить по таблице:

Показатель	*2002*	*2003*	*2004*	*2005*	*2006*
Частица домохозяйств, которые имеют в своем составе внешних трудовых мигрантов, %	10,2	12,1	11,8	12,1	15,8

Причины трудовой миграции из Украины имеют исключительно экономический характер: бедность и низкий уровень оплаты труда. Одним из факторов, которые стимулирует поиск работы за границей, является желание людей работать по приобретенной профессии и реализовать себя.

По данным социологических исследований, проведенных фондом «Демократические инициативы» и Киевским международным институтом социологии, в 2004 г. до 30 % украинцев хотели бы эмигрировать в другую страну. А исследование Киевского института проблем управления в декабре 2006 г. вывило, что ок. 50 % наших сограждан желали бы работать за границей.

Учитывая то, что Европейский Совет начинает политику регулирования миграционных процессов, направленную на привлечение квалифицированной рабочей силы (по примеру американской Green Card в Европе планируется ввести Blue Card), нетрудно спрогнозировать, что отлив молодых образованных специалистов за границу из Украины возрастет еще больше. Согласно данным исследований Государственного института развития семьи и молодежи, осуществленных в 2006 г., *каждый второй молодой человек, который работал за границей, трудился там по приобретенной в Украине специальности.* А по статистическим данным, почти четверть украинцев, выбывших в 2005 г. в другие страны (за границы СНГ и Балтии), имеет высшее образование, что на треть больше, чем среди эмигрантов в СНГ и в Прибалтийские государства.

Украина принадлежит к странам со смешанными потоками миграции: она является и страной выезда/снабжения, и страной приема и продолжительного пребывания нелегальных мигрантов. По оценкам ООН, *Украина входит в первую пятерку стран, где проживает самое большое количество международных мигрантов (по некоторым оценкам, их численность достигла 4 миллионов лиц), и занимает четвертое место в этом списке – после США, России и Германии.* По мнению некоторых экспертов, наше государство ныне превратилось на самую большую транзитную зону в СНГ, через которую проходят около 40 иммигрантских путей, а показатель количества нелегалов, которые осели на ее территории, уже превысил средние европейские нормы в 20–25 раз.

По информации Национального банка Украины, объем «миграционного капитала», который поступил в Украину через банковскую систему в 2006 году, составлял близко 3 миллиарда долларов США. Еще почти 4 миллиарда «влилось» через специализированные системы денежных переводов. Однако, по экспертным оценкам, *реальные объемы средств, которые пересылаются украинскими трудовыми мигрантами на Родину, составляют ок 21 миллиарда долларов. Эта сумма в несколько раз превышает прямые иностранные инвестиции в украинскую экономику, которые, например, в том же 2006 году составили 4,8 миллиарда долларов США.*

С другой стороны, трудовая миграция несет этой категории мигрантов угрозу правовой незащищенности, риск стать жертвами эксплуатации и торговли людьми и т.п. Значительно ухудшается ситуация и в их семьях: дети вырастают без одного или двух родителей, возрастает количество разводов и т.ін.

Что же до Украины как государства, то рост численности мигрантов, которые выезжают за ее границы, отрицательно обозначается не только на количестве и качестве ее трудовых ресурсов, но и приводит к ухудшению демографической ситуации, особенно на фоне низкой рождаемости и высокой смертности. Эти негативные тенденции будут только углубляться, поскольку внедрение Blue Card предусматривает получение специалистами после пяти лет работы права на постоянное местожительство.

Миграционные настроения украинцев, влияние глобализационных тенденций на миграционную политику стран мира и фактическое отсутствие такой политики в Украине приведут к тому, что значительная часть украинцев выедет работать за границу, – а вместо того возрастет нерегулированный поток неквалифицированной рабочей силы в Украину из стран Азии, Африки и стран СНГ. Это, в свою очередь, приведет к углублению социальной напряженности в украинском государстве, увеличению объемов теневой экономики, ухудшению криминогенной ситуации.

Вымирающее село

Урбанизация, упадок сельского хозяйства и социальной инфраструктуры в сельской местности, региональная неравномерность экономического развития страны приводят к усилению межрегиональной и внутренней региональной миграции. Свыше 60 % всех региональных мигрантов – это молодежь в возрасте от 14 до 35 лет. Сельская молодежь чаще городской бросает свое местожительство (читай: свою малую родину, родные места). Более всего ее выезжает из Черкасской, Винницкой, Ровенской, Черниговской, Полтавской, Сумской областей. Как правило, молодые люди из сел пополняют число жителей больших городов –

Киева, Харькова, Днепропетровска. Как свидетельствуют социологические исследования, свыше 50 % сельской молодежи готовы переехать в город немедленно или спустя некоторое время. Причинами этих миграционных настроений являются отсутствие рабочих мест, учреждений социально-культурного назначения, общее обнищание села.

Тенденция массового выезда молодежи из сел приводит к общему старению населения сельской местности и даже вымиранию малых населенных пунктов. В последние годы естественный прирост сельского населения почти вдвое меньший, чем городского, – и эта тенденция, при условии отсутствия кардинальных сдвигов в аграрной политике государства, будет сохраняться и в дальнейшем.

Как правило, выходцы из сел и малых городков, получив образование в высших учебных заведениях (которые большей частью располагаются в городах, в областных центрах), остаются там и работать. Этот вывод подтверждается данными выборочного обследования условий жизни домохозяйств в разной местности (2006). Так, полное высшее образование в возрасте 22 года и старше имели 28 % жителей мегаполисов, 17,8 % – малых городов и лишь 8,6 % жителей сельской местности.

Недостаток специалистов с высшим образованием (и соответствующей квалификацией) приведет к дальнейшему упадку социально-культурной и производственной инфраструктуры сельской местности, ухудшение здоровья жителей сел и малых городов (в связи с отсутствием территориального доступа к качественным медицинским услугам), а также к снижению уровня образовательной подготовки детей, которые живут в селах и малых городках.

Ниже, в пункте об «основе общества», мы добавим еще некоторые печальные мысли по этому поводу.

Профанация высшего образования

На первый взгляд, очевидным достижением Украины времен независимости стал рост количества высших учебных заведений – аж втрое. Но возникает вопрос: откуда взялся такой ресурс высокообразованных преподавателей и «продвинутой» молодежи?

Оборотной стороной этой «медали» стало сокращение – в полтора раза – количества профессионально-технических учебных заведений и техникумов. Это означает, что уже сегодня страна теряет квалифицированную рабочую силу, а через несколько лет такая тенденция станет фундаментальной проблемой для отечественной экономики.

Давний отечественный стандарт престижности высшего образования при рыночных условиях сыграл злую шутку с украинским обществом. «Отбыть» лишь формально пять лет в низкопробном частном вузе (или филиале такового), который не требует знаний университетского уровня (потому что не способен их обеспечить, но и не склонен отказываться от денег) значительно проще, чем приобретать практические навыки для производства. Человек с таким «дипломом» не пойдет стоять за станком (даже оснащенным новейшей электроникой), хотя там могут платить больше, чем кое-где за «высшее образование». Высокая оплата труда рабочего на предприятиях, которые динамично развиваются, не становится достаточным стимулом для украинской молодежи. Меньшие деньги, но более легкий стиль жизни с более или менее достаточным уровнем потребления, – такой «приоритет» современных молодых украинцев через несколько лет оставит украинские заводы только для «импортной» рабочей силы.

Существенным моментом является то, что уже в ближайшее время вследствие демографических изменений количество бюджетных мест в государственных вузах станет большим, чем численность абитуриентов. С одной стороны, это повлечет за собой гибель части индустрии «коммерческого образования» негосударственных вузов, а с другой, предоставит шанс получить государственное высшее образование практически всей молодежи (без существенных перемен образовательной системы). Однако это лишь звучит хорошо, поскольку в любом обществе реально далеко не всем гражданам нужно высшее образование, да и далеко не все его заслуживают. Высшее образование не обязано «научить» всех, – потому что это неизбежно снижает его уровень (и именно это наблюдаем в Украине). Необходимо ориентироваться на способную молодежь, но *способную к высшему образованию*, а не только на ту, чьи родители хотят и способны его оплатить. Поэтому, если уже сегодня, вопреки всем «болонским декларациям», украинский диплом является профанацией для цивилизованного мира, то уже завтра такое «достижение» наших «академий–университетов–институтов» имеет все шансы «подняться» к новым вершинам пренебрежения. Высшее образование не может быть – «для всех», потому что общество не может состоять лишь из «менеджеров». Есть общественное разделение труда, и если какая-то ниша в нем не занята, ее все равно придется заполнять. Вопрос – кем?

Конечно, Украина пока что остается страной относительно дешевой рабочей силы, но, учитывая названные тенденции, кто может пообещать, что мощные производства, которые переносятся из Западной Европы на восток и содействуют экономическому росту таких стран, как Венгрия, Польша, Румыния, когда-то приживутся и в Украине и будут работать на нашу экономику?

Ненужная наука и лишние инновации

При сохранении численности организаций, которые выполняют научные исследования, в Украине *лишь за 1994–2006 гг. более чем вдвое уменьшилось количество работников науки*. Вместе с тем за тот же период в 1,3 раза выросло количество докторов наук, в 1,25 раза – кандидатов наук. Это свидетельствует о том, что *человеческий потенциал украинской науки вдвое снизился, и потому тем, кто остался в этой области, стало легче получать научные степени*. Такое состояние вещей подобно вышеописанной ситуации с высшим образованием. Количество аспирантов возросло в 2,4 раза, докторантов – в 2,8. При этом значительная часть молодого поколения талантливых ученых увеличивает научный потенциал внешнего мира, работая в более экономически развитых странах. Особенно это касается научных работников, которые работают в области информационных технологий и таких динамических дисциплин, как химия и генетика.

На протяжении последних лет распределение докторов наук по возрасту остается практически неизменным: доля научных работников пенсионного возраста составляет почти две трети общей численности докторов наук, а частица молодых ученых в возрасте до 40 лет является довольно незначительной – 2,2 %.

Важным показателем развития науки являются внедрения разработанных инноваций. Диаграмма ниже демонстрирует, за чей счет это происходит в Украине.

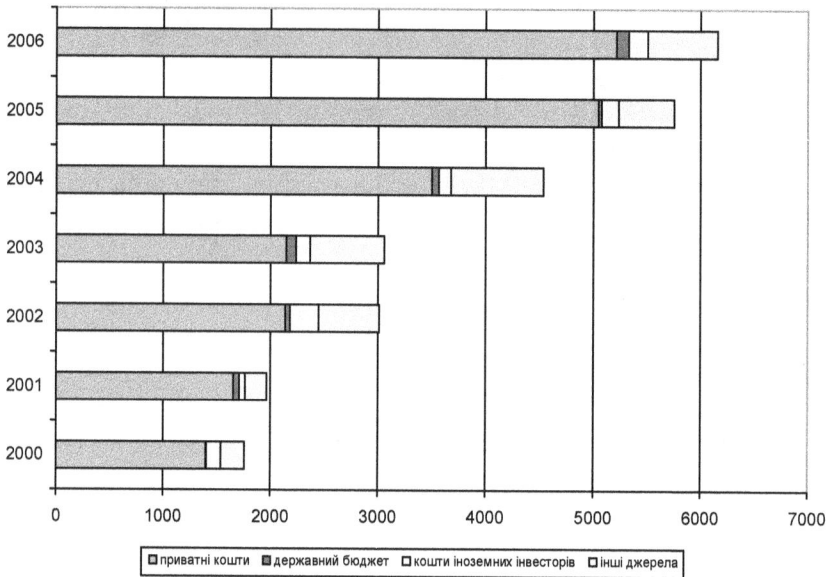

Диаграмма: ось Y — годы 2000–2006; ось X — от 0 до 7000 с шагом 1000.

Легенда: □ приватні кошти ■ державний бюджет □ кошти іноземних інвесторів □ інші джерела

Рисунок 14.   Распределение источников финансирования технологических инноваций *(млн. грн; частные средства, госбюджет, средства иностранных инвесторов, другие источники)*

Весьма симптоматично, что средства Государственного бюджета составляют в структуре финансирования технологических инноваций довольно незначительную долю: в 2000 г. государство на это выделило лишь 7,7 миллиона гривен (или 0,44 % общего объема финансирования), в 2006 — соответственно 114,4 миллиона, но это составило лишь 1,86 % всех средств, заключенных в инновации.

Очевидно, что можно говорить об отсутствии государственной стратегической поддержки развития прикладной украинской науки. Иностранным структурам проще привлекать к работе научных работников индивидуально, у себя на месте, чем инвестировать средства в технологически отсталые украинские области. Отечественные предприниматели сейчас тоже не заинтересованы во внедрении каких-то технических новинок – и так будет продолжаться и дальше, пока имеющаяся материально-техническая база не исчерпает себя или руководители предприятий не будут «простимулированы» соответствующими государственными мерами. Лишь каждое десятое промышленное предприятие Украины в 2006 г. внедряло инновации, что в полтора раза меньше, чем в 2000. За последние семь лет тенденция к уменьшению доли таких предприятий остается стабильной.

Культурный спуск

Нижеследующий график является очень показательным и почти не нуждается в комментариях.

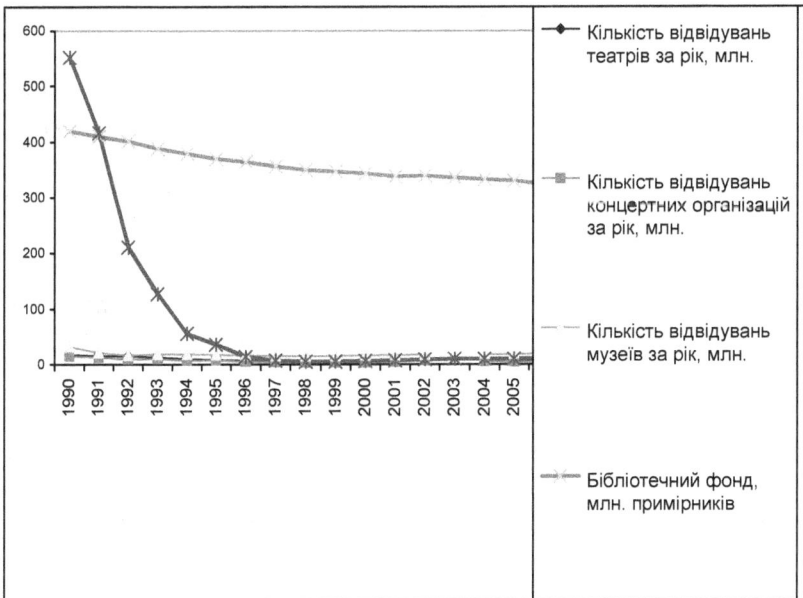

Рисунок 15. Показатели развития культуры в Украине за 1990–2006 годы *(посещение театров за год, посещение концертов, посещение муеев, библиотечный фонд, млн.экз.)*

Как видим, практически все «культурные» показатели в Украине за период ее независимости ухудшились. Хотя и предыдущий, советский, уровень культуры не вызывает восторга (кроме «потребления» кинопродукции), но нас больше беспокоит современное состояние и перспективы.

Вполне естественно, что культурные лакуны в Украине сегодня заполняются продуктом не лучшего качества – и не отечественного происхождения. Эта тенденция вселяет, мягко говоря, мало оптимизма.

Недородившийся средний класс

Социально-инновационный потенциал каждого, в частности и украинского, общества в значительной мере зависит от мощности и социальных характеристик среднего класса, поскольку, как известно, именно этот слой населения является стабилизирующей и инновационной составляющей любого общества. Развитая страна со стабильной экономикой и социальными условиями имеет прослойка среднего класса в пределах до 60 % взрослого населения.

За годы независимости в Украине так и не было созданы условия для формирования прослойки среднего класса. Лишь 8,9 % украинцев по объективным признакам (материальное положение, форма занятости, образование) можно отнести к этому слою населения. При этом субъективно ее представителями себя считает треть украинцев.

Показательно, что все меньший интерес у украинской молодежи вызывает малый и средний бизнес, поскольку условия его существования отнюдь не назовешь прозрачными и перспективными. Вследствие этого Украина теряет один из основных источников формирования среднего класса. Представители образования, культуры, науки, государственной медицины из-за интенсивного старения своего контингента также не пополняют среднего класса. Сегмент негосударственных организаций («третий сектор») тоже переживает упадок, что является проблемой не только для кооптации в средний класс, но и в смысле поддержания институтов гражданского общества.

Учитывая вышесказанное, будущее среднего класса Украины – вне границ круга предпринимателей сферы производства товаров и услуг в лице высших и средних менеджеров – не вызывает оптимизма. Во всяком случае, заметного его расширения ожидать не приходится.

Расшатанная основа общества

Базовая социальная группа общества – это наиболее массовый слой населения, в которую входят рабочие, крестьяне и служащие. Она очень важна для формирования трудовых ресурсов, а следовательно, для развития экономического потенциала страны.

В Украине за последние годы сложилась неблагоприятная тенденция, которая определяется сокращением частицы населения дотрудоспособного и трудоспособного возраста и ростом доли населения старшего трудоспособного возраста. Это означает, что современной демографической ситуации присуща тенденция не просто к уменьшению численности населения Украины, но именно сокращения его экономически активной части.

Кроме проблемы количества трудовых ресурсов, существует также проблема их качества. Наиболее ярким показателем ухудшения качества человеческого капитала в Украине является изменение индекса развития человеческого потенциала в 1990–2007 гг.

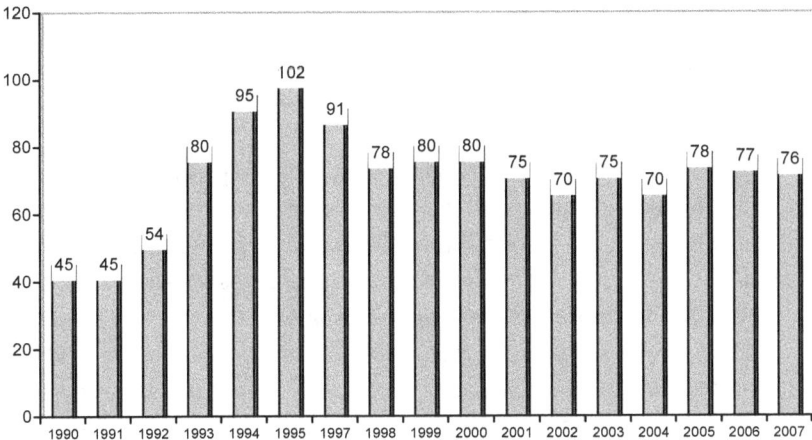

Рисунок 16.   Динамика изменений индекса развития человеческого потенциала Украины по рейтинговым показателям с 1990 по 2007 год

В 2007 году в производственной сфере преимущественно трудились люди пенсионного и предпенсионного возраста. Предприятия, которые возрождаются в больших городах, уже испытывают значительный дефицит молодой рабочей силы, которая имеет соответствующую профессиональную квалификацию.

Ослабление системы профессионально-технического образования привело к тому, что в течение более чем десяти лет профессиональных рабочих в стране готовили мало и некачественно (не было спроса со стороны производства). Ныне, когда этот спрос появился, удовлетворить его уже невозможно.

За период с 1990 по 2006 год численность профессиональных училищ в Украине уменьшилась на 225 заведения, а количество учеников, которые ежегодно учатся в них, снизилась с 643,4 до 473, 8 тысяч лиц, - то есть почти на 170 тысяч; также сократилось то количество квалифицированных рабочих, которое готовилось за год, – на 87 тысяч.

Ныне молодые украинцы не избирают трудных профессий, даже за большое жалованье. Они отдают предпочтение сфере обслуживания: там не очень утомительная робота, а контакты с зажиточными клиентами дают шансы больше зарабатывать.

Сельское хозяйство, где проблема кадров стоит особенно остро, сегодня обеспечивается работниками среднего и старшего возраста. Трудная неавтоматизированная работа не привлекает молодежь села, которая старается уехать в город.

Так, мировой опыт показывает, что страну «прокормить» может и 3–5 % сельского населения, – но для этого работа должна быть автоматизированной, а быт – не уступать городскому. Если в ближайшие пятьдесят лет эти проблемы не будут решены, сельское хозяйство в Украине окажется под угрозой полнейшего развала.

Отсутствие квалифицированных работников ставит под сомнение развитие промышленности в стране. Если в ближайшее время не будет восстановлена система профессиональной подготовки, недостаток квалифицированных кадров (на фоне демографического кризиса) станет ограничивающим фактором развития экономики.

Социальный популизм

Украина до сих пор не определилась с моделью своей социальной политики. В мире приобрели распространение три устойчивых модели этой политики: скандинавская (социал-демократическая), континентальная (социально-рыночная) и американо-британская (либеральная).

В скандинавской модели государство несет основную ответственность за социальное благосостояние своих граждан и является основным производителем социальных услуг. В континентальной государство, как правило, несет ответственность только за предоставления социальной помощи получателям, то есть за социальное обеспечение, но социальные услуги не организовывает. Бюджетные отчисления и страховые взносы работника и работодателя на эти меры приблизительно одинаковы, а основными каналами перераспределения являются как государственные, так и частные структуры. В американо-британской модели участие государства в социальной сфере – минимально. Финансовую основу реализации социальных программ составляют в первую очередь частные сбережения и частное страхование, а не средства государственного бюджета. Государство берет на себя ответственность лишь за сохранение минимальных доходов всех граждан и за благополучие наиболее обездоленных слоев населения. Однако оно максимально стимулирует создание и развитие в обществе разных форм негосударственного социального страхования и социальной поддержки, а также разных средств и способов получения и повышения гражданами своих доходов.

Сегодня социальная политика Украины более всего тяготеет к скандинавской модели. *Уже сейчас треть всех государственных выплат составляют социальные выплаты.* Даже в таких богатых странах, как Швеция, на реализацию социально-демократической модели социальной политики не хватает ресурсов. *Если украинское государство еще несколько ближайших лет будет продолжать действовать по этой модели, общество не будет экономически развиваться, и вскоре государство будет способно обеспечивать только социальные выплаты.*

Сиротство

Демографическая ситуация в Украине обостряется еще одной актуальной социальной проблемой — ростом количества детей-сирот и детей, лишенных родительской опеки, *и их удельного веса в общей численности детей.*. Только за десять лет (1995–2005) доля таких детей среди всех маленьких граждан Украины в возрасте до 17 лет возросла в 2,75 раза (с 0,4 до 1,1 %). По данным Государственного комитета статистики Украины, 2006 г. в Украине зарегистрировано 102 912 детей этой категории, тогда как в 1995 их насчитывалось 52, 4 тысячи.

С 2005 года доля украинских детей-сирот и детей, лишенных родительской опеки, среди общего детского населения страны составляет больше 1 %, что по медицинским аналогиям свидетельствует об «эпидемии» сиротства в Украине.

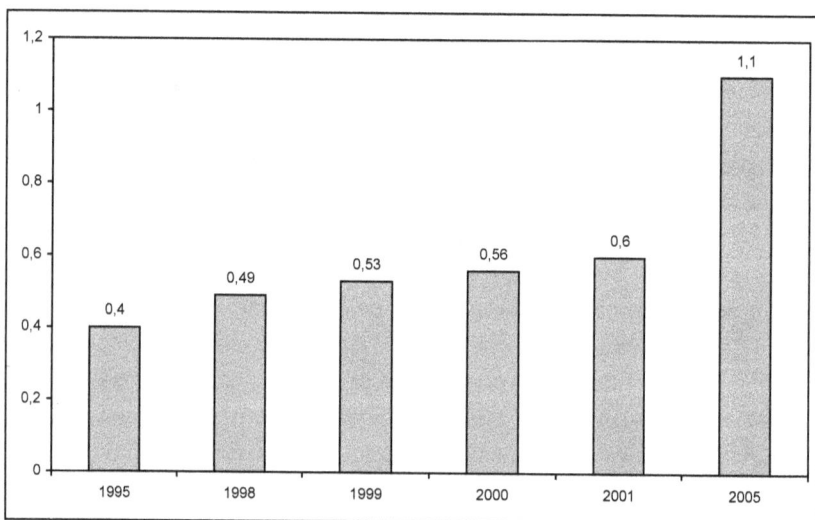

Рисунок 17.   Доля детей-сирот и детей, лишенных родительской опеки, среди общего количества детей до 17 лет, %

Доля сирот среди детского населения Украины колеблется в пределах от 0,39 % — в Тернопольской области до 1,82 % — в Донецкой, то есть различие между наименьшим и самым большим показателями составляет почти пять раз.

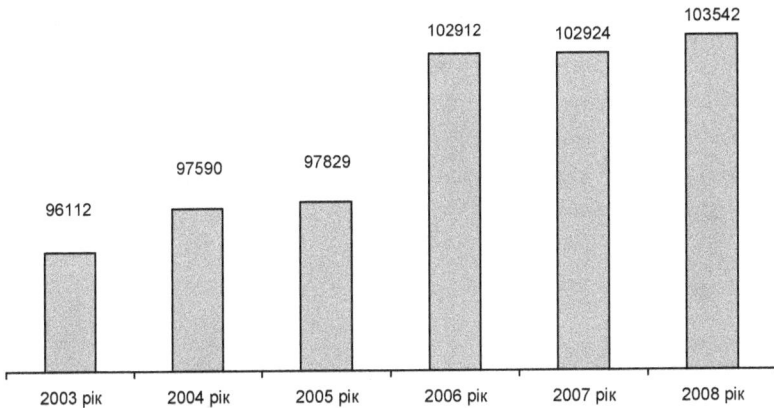

Рисунок 18.   Количество детей-сирот и детей, лишенных родительскй опеки, по годам (по данным Госкомстата Украины)

К группе регионов с наиболее низким показателем сирот (от 0,39 до 0,61 %) входят Тернопольская, Львовская, Ивано-Франковская, Ровенская и Черновицкая области. То есть, в большинстве областей Западной Украины частица детей, которые растут без родителей, - наименьшая. Наивысший показатель сиротства – в Николаевской, Одесской, Днепропетровской, Донецкой областях и в Крыму.

Причинами распространения сиротства в Украине является ряд взаимосвязанных факторов: экономическая нестабильность, безработица, трудовая миграция, социальная незащищенность населения, кризис института семьи, рост количества разводов и, как следствие, количества неполных семей, отсутствие действенных механизмов государственной поддержки семей с детьми и т.п.

Не уменьшается и количество несовершеннолетних матерей. Еще одним из факторов, которые предопределяет явление социального сиротства, является рост численности социально неблагополучных семей, не способных выполнять воспитательную функцию из-за алкоголизма, наркомании одного или обоих родителей, насилие в семье и т.п. По данным Государственного комитета статистики Украины, каждый год в судах принимается от 6 до 7 тысяч решений о лишении родительских прав. Вследствие этого *10-15 тысяч детей становятся сиротами при живых родителях, оставаясь без родительской и материнской заботы.* По прогнозам UNICEF (*Детский фонд ООН*), в связи с экономическим кризисом положение семей с детьми будет кардинально ухудшаться (*детская бедность, ухудшение доступа к качественным медицинским и другим социальным услугам*) и, соответственно можно ожидать роста количества детей указанной категории.

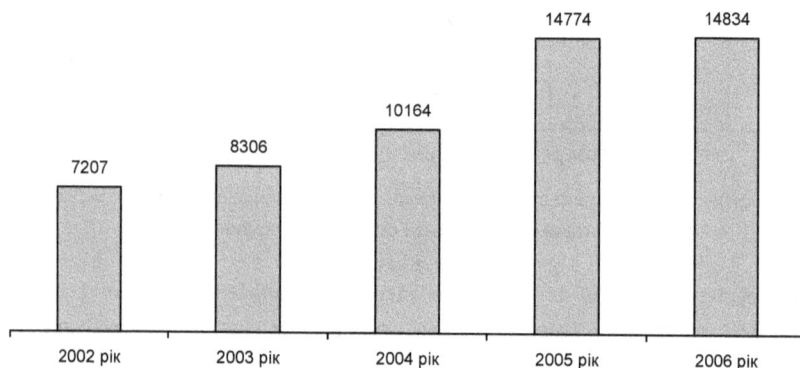

Рисунок 19. Количество удовлетворенных судами исков о лишении родителей родительских прав

В последнее время в Украине распространилось устройство детей-сирот в семьи других граждан – через создание приемных семей и детских домов семейного типа. Однако это не является принципиальным решением проблем детей-сирот, потому что после достижения совершеннолетия они снова остаются без семьи.

Главной проблемой для Украины остается увеличение количества детей-сирот и детей, лишенных родительского опеки, что парадоксально наблюдается на фоне интенсивной деятельности относительно их уменьшния. В Украине частица детей-сирот среди общего детского населения с 2003 года увеличилось на 25%.

Первопричиной, которая ведет к созданию условий, при которых происходит лишение родительских прав, в основной массе является асоциальное поведение родителей, невыполнение ими своих обязанно-

стей из ухода и воспитания детей, *потворство любым видам эксплуатации ребенка и принуждение его к нищенству и бродяжничеству.*

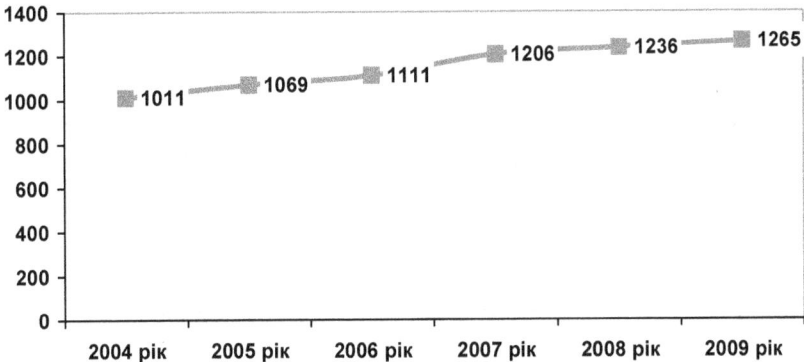

Рисунок 20. Количество лишенных родительского заботы, на 100000 детей (0-17
лет) по состоянию на 1 января (по данным Госкомстата)

Важным показателем положения детей является уровень жизни (бедности) семей с детьми. На протяжении последних лет *размер среднедуше-
вого общего дохода в домохозяйствах с детьми был низший от среднего по стране – различие составляет ок. 15 %.*

Особое значение для благосостояния детей имеют надлежащие условия обитания их семей. Однако у домохозяйств с детьми, как правило,
худшие показатели жилых условий, чем домохозяйств без детей. Так,
*размер общей и жилой площади на один человека в бездетных домохо-
зяйствах почти вдвое превышает этот показатель для домохозяйств с детьми, и на протяжении 1999–2009 гг. ситуация существенно не изменилась.* При этом в домохозяйствах с детьми размер общей площади на одного человека значительно меньше нормы.

Уровень бедности семей с детьми является высшим, чем в целому
по стране. Более всего страдают от бедности домохозяйства с двумя и
больше детьми. Так, домохозяйства с одним ребенком находятся на
среднем по стране уровне бедности, а при рождении второго ребенка
уровень бедности возрастает до 42%, при наличия трех и больше детей
– до 62,4%. К группе с высоким уровнем бедности также относятся мно-

годетные семьи и семьи с двумя детьми в возрасте до 3- х лет. С учетом показателя бедности (уровень бедности в 2008 г. составил 13,6%) можно сказать, что ситуация в многодетных домохозяйствах является крайне плохой. *По данным Института демографии и социальных исследований НАНУ за последний год частица нищих среди домохозяйств с тремя и больше детьми возросла с 37,9% до 41,8%, или на 3,9 в.п., а с четверыми и больше – с 37 до 56,6% (на 19,6 в.п.).*

Как свидетельствует опыт развитых стран, *политика содействия снижению уровня бедности среди детей не может быть связанной только с развитием системы помощи. Значительное внимание в этом процессе отводится ситуации на рынке труда, поскольку уровень бедности домохозяйств с детьми зависит от экономической активности взрослых в этом домохозяйстве.* Так, при занятости всех взрослых в домохозяйстве с детьми уровень бедности становится низшим за средний по стране, а при появлению в домохозяйстве с детьми неработающих – уровень бедности стремительно возрастает почти вдвое. В то же время низкий уровень оплаты труда даже при занятости обеих родителей не может обеспечить семье определенного достатка, особенно если детей двое.

В условиях неблагоприятной экономической ситуации, кризиса института семьи, особое значение продолжают играть мероприятия по профилактике социального сиротства, преодолению детской безнадзорности и беспризорности. По данным Государственной социальной службы для семьи, детей и молодые, в 2008 г. на учете в банке данных семей, которые оказались в сложных жизненных обстоятельствах, *находилось 90790 семей, в которых воспитывалась 176471 ребенок.* Основные причины, из-за которых семьи оказались в сложных жизненных обстоятельствах, остаются постоянными на протяжении последних лет. Это: пренебрежительное отношение и сложные отношения в семье – 26,9% от всех семей, которые находятся на учете в банке данных семей, которые оказались в сложных жизненных обстоятельствах; наркотическая или алкогольная зависимость одного или нескольких членов семьи – 21,9%; инвалидность родителей или детей – 11,5%; безработицу членов семьи – 10,8%.

Обнищание семьи часто сопровождается распространением противоправных действий. Так по данным Государственного департамента Украины по вопросам выполнения наказаний, по состоянию на 01.01.2009 г. в сфере деятельности Государственной уголовно-исполнительной службы Украины находилось почти 8,2 тыс. осужденных и заключенных несовершеннолетних. *Социально-демографический анализ детей, которые отбывают наказание в виде лишения свободы, свидетельствует об их социально-педагогическую заброшенность.* По данным Государственного департамента Украины по вопросам выполнения наказаний из 1607 детей, которые отбывали наказание в воспитательных колониях, 96,6% (1552 лица) раньше уже привлекали к уголовной ответственности без лишения свободы, 1,8% (29 лиц) повторно осужденны к лишению свободы. *До осуждению 55,1% детей воспитывались в неполных семьях, как правило, низкого материального достатка, 33,4% - дети-сироты и 5% - дети, лишенные родительского заботы.*

Следует отметить, что среди несовершеннолетних лиц, которые осуждены к наказаниям, не связанным с лишением свободы, 6,2% - дети-сироты, 40,4% воспитываются в неполных семьях, 2,2% детей воспитывались в специальных заведениях МОН (школах и профессиональных училищах социальной реабилитации). Результаты социально-демографического анализа удостоверили необходимость дальнейшего развития системы предоставления социальных услуг семьям с детьми, которые оказались в сложных жизненных обстоятельствах и детям, которые осуждены к наказаниям, не связанным с лишением свободы.

Кризис семьи

В Украине насчитывается около 13,5 миллиона семей, из которых: почти 6,8 миллиона семей с детьми, 2,3 миллиона – неполных, 2,1 миллиона – молодых, 396, 2 тысяч – многодетных, 77, 8 тысяч – тех, что оказались в сложных жизненных обстоятельствах. Кроме родительских семей, существуют и семейные формы устройства детей-сирот (978 на конец 2007 года, среди них – 744 приемные семьи и 234 детские дома семейного типа).

Многочисленные социологические исследования убедительно показывают, что среди ценностных ориентаций населения семья занимает
одно из первых мест. К тому же, значение семьи для украинцев с каждым годом приобретает все больший вес. Так, результаты исследований
2003–2006 лет удостоверили, что в ценностной ментальности молодых
людей, наряду со здоровьем, материальным благосостоянием и благо-
получием детей крепкая семья остается одним из приоритетов и является важной для 97–98 % украинской молодежи (в 2006 году – 96,9 %).
Однако, принимая во внимание другие социологические данные, такое
отношение не является залогом положительного развития института семьи. Последний страдает из-за негативных социально-демографических
и социально-экономических изменений.

Анализ показателей 2006 года показывает, что среди семей с детьми самую большую долю денежных доходов имели семьи с одним ребенком – близко 92,8 % (в 1999 они составляли лишь 69,8 %), а наи-
меньшую – с тремя и больше детьми – ок 84,7 % (в 1999 – 53,6 %). *Это
означает, что пока что, вопреки росту государственной помощи при
рождении ребенка, иметь больше одного ребенка остается экономически невыгодно.*

Не меньшей проблемой и для семей с детьми, и для молодых семей, которые еще их не имеют, является обеспечение жильем.

Неудовлетворительное социально-экономическое положение является одним из самых важных факторов, который приводит к пополнению
категории семей, которые оказались в сложных жизненных обстоятельствах. По состоянию на 1 января 2008 года 77 774 семьи, в которых воспитывается 144 471 ребенок, внесено в Общий банк данных таких семей
(формированием этого Банка занимается Государственная социальная
служба в делах семьи, детей и молодые). Следует заметить, что такой
статус может получить любая семья. На это влияет, кроме материального, значительное количество других факторов, которые взаимосвязаны:
моральные и этические ценности, отношения в семье, наличие заболеваний, состав семьи, образование родителей и т.п. Очевидно, что для
уменьшения количества кризисных семей необходимо комплексно подходить к формированию и реализации семейной политики и учитывать
все факторы риска.

Показательно, что именно с названными выше факторами связаны и конфликты в семьях. Среди причин супружеских ссор чаще всего называются социально-экономические (трудная материальная и жилая ситуация), социально-медицинские (неудовлетворительное состояние здоровья, усталость от большого объема роботи).

Очевидно, что неудовлетворительное социально-экономическое положение семьи повышает и риск насилия в ней. Вместе с тем именно проблема насилия в семье тесно связана с такими явлениями, как безнадзорность и беспризорность детей, рост количества разводов, формирование насильнического менталитета, побирательство, потеря общечеловеческих ценностей любви и взаимопонимания. Необходимо помнить, что само насилие в семье есть одной из наиболее распространенных предпосылок совершения преступлений в обществе.

Каждый четвертый ребенок из тех, которые страдали от насилия, впервые столкнулся с этим в кругу собственной семьи. Социологические исследования свидетельствуют, что дети в украинских семьях неосведомлены относительно возможностей защиты от насилия и получения помощи. *В 2008 году выявлено и поставлено на учет 11 690 семей, которые отрицательно влияют на воспитание детей и совершают насилие против них.* Всего в отделах криминальной милиции по делам детей на профилактическом учете находится 36 020 таких семей. Только в 2008 г. было возбуждено 709 уголовных дел за преступления против детей.

Итак, насилие в семье становится тревожным атрибутом украинской социальной действительности и семьи в частности, фактором, который разрушает семейные взаимоотношения и искажает модели воспитания молодого поколения. Учитывая то, что случаев родственного насилия с каждым годом регистрируется все больше, *тенденции к росту этого вида преступления будут существовать и в дальнейшем.*

Ныне в Украине проживает 13,5 миллиона семей, с которых 6,8 миллиона имеют в своем составе детей. Но, как свидетельствуют данные переписей населения, *с каждым годом удельный вес семей с детьми стремительно уменьшается,* что отрицательно обозначается на демографической ситуации страны. Если в 1970 г. их доля в общем количестве семей составляла 75,4 %, 1989 – 56,4 %, то в 2001 семей с детьми в структуре индивидуальных домохозяйств насчитывалось лишь 51,5 %.

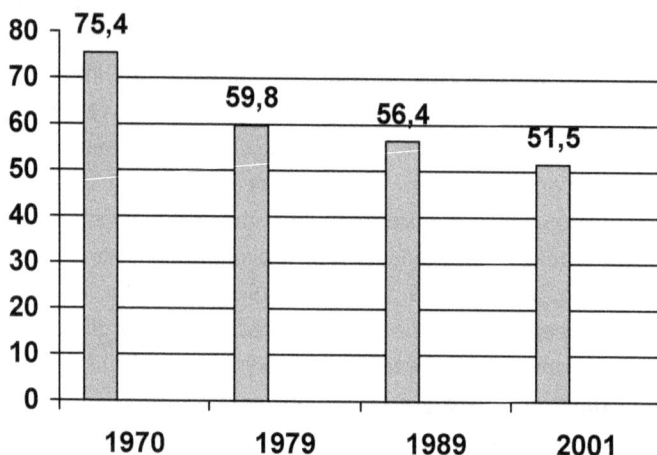

Рисунок 21. Удельный вес семей с детьми в общем количестве семей, % *(по данным переписей населения 1970, 1979 1989, 2001 гг)*

К тому же, результаты выборочного обследования домохозяйств в 2007 году показали, что частица семей с детьми до 18 лет составляла лишь 37,7 %. Можно предположить, что в ближайшие десять лет ситуация не испытает значительных изменений, и удельный вес семей с детьми в дальнейшем будет уменьшаться.

Важной социально-демографической характеристикой современной Украины является состав семей, учитывая количество детей в них. Если по данным переписи населения 1989 года среди всех семей с детьми было 52,1 % однодетных, 39,5 – малодетных (два ребенка) и 8,4 – с тремя и больше, то в 2001 году их насчитывалось 64,1, 30,2 и 5,7 % соответственно. *Итак, традиции многодетности в Украине, утраченные еще во времена Советского Союза, в годы независимости продолжали нивелироваться, значительного распространения приобрела однодетность и малодетность.*

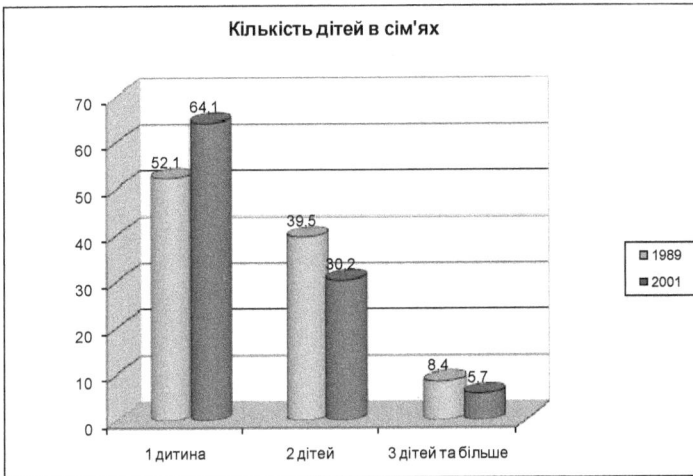

Рисунок 22.   Количество детей в семьях *(по данным переписей 1989 и 2001 гг)*

Относительно региональных расхождений, то, как отмечают специалисты, для рождения и воспитания детей более благоприятной является ситуация в Западной демографической зоне – в Закарпатской, Львовской, Волынской, Ровенской, Тернопольской, Ивано-Франковской, Черновицкой областях, а также в Житомирской, где еще частично сохранилось представление о многодетной семье как традиционное. В этих регионах – и в городских поселениях, и в сельской местности – среди домохозяйств большая частица семей с детьми, в том числе и многодетных. По данным переписи населения 2001 года, в сельской местности вышеупомянутых областей частица домохозяйств с тремя и больше детьми, превышала 12 %, а в Волынской и Ровенской составляла 19,5–20,7 %.

Наименее распространенные многодетные семьи в Юго-Восточной демографической зоне, особенно в индустриально мощнейших областях – Донецкой, Днепропетровской, Запорожской, Луганской, Харьковской, а также в демографически старых Полтавской и Сумской, которые принадлежат к Центральной демографической зоне. Особенно низкие показатели детности семей в городских поселениях: на время проведения переписи 2001 года в Запорожской, Полтавской,

Харьковской областях и г. Киеве частица семей с тремя и больше детьми была лишь немного высшей за 2 %, а однодетных – превышала 73 %.

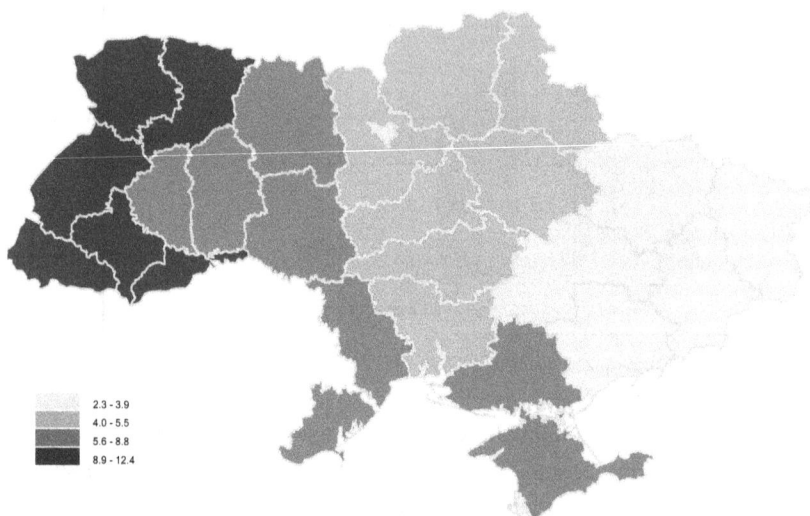

	2.3 - 3.9
	4.0 - 5.5
	5.6 - 8.8
	8.9 - 12.4

Рисунок 23.   Удельный вес индивидуальных домохозяйств из тремя и больше детьми в возрасте до 18 лет, *% от общего количества домохозяйств*

Анализ социально-демографической ситуации обязывает вспомнить такой фактор как рождаемость, в структуре которой в последние годы наблюдаются значительные изменения. Начиная с 2002 года, в Украине появились признаки положительной тенденции к постепенному росту количества деторождаемостей. Если 2001 года на свет появилось 376 478 грудных детей, то 2006 – 460 368. Но суммарный коэффициент рождаемости все еще остается низким и составляет 10,2 (1990 года – 12,6, 2001 – 7,1).

Одной из важных причин нынешнего роста рождаемости является рост единовременного пособия в связи с рождением ребенка. Так, в 2001 г. оно предоставлялась в размере 118 гривен, 2002-го – 200, с

1 января 2004 – 360, с 1 июля 2004 – 724,46, с 1 января 2005 – 764, с
1 апреля 2005 – 8497 гривен).

Рисунок 24.   Количество родившихся детей, тыс.

Однако, хотя с 1 января 2008 года такая помощь снова ощутимо возросла (до 12 240 гривен на первого ребенка, 25 тысяч – на второго,
50 тысяч – на третьего ребенка и следующих), это не очень обозначится
на росте коэффициента рождаемости. Как показывает опыт зарубежных
стран, влияния предложенных социальных выплат можно ожидать лишь
через три-четыре года.

Но, как отмечают эксперты Института демографии и социальных исследований, *демографический потенциал Украины на сегодня исчер-
пано.* Дело в том, что на последнее повышение в Украине уровня дето-
рождаемости, кроме фактора государственной помощи, существенно
повлияла рождаемость еще довоенных лет. Поскольку тогда был значительный демографический рост, то на 2002 год припала последняя такая
демографическая «волна» (именно в настоящее время становились ро-
дителями и матерями внуки тех, кто родился перед войной). Но такое,
незначительное, увеличение рождаемости украинскую демографиче-
скую ситуацию в целом не улучшит. Хотя имеющиеся тенденции дают

основания к положительному прогнозированию в долгосрочной перспективе.

В начале 90- х годов Украину традиционно относили к странам с высоким уровнем брачности – 9,5 браков на тысячу жителей, и согласно данным 1991 года она по этому показателем занимала первое место в Европе. Однако уже в 1992 уровень брачности ощутимо снизился и составлял 7,6 %. За межпереписной период (1989–2001 года) общий коэффициент брачности сократился на 41,1 % (с 9,5 до 5,6 %) и достиг наиболее низкого уровня за все послевоенное время.

Несмотря на более или менее стойкие абсолютные и относительные показатели разводов в течение 1990–2007 лет, *в последнее время возрастает и количество разрывов браков (при уменьшении общей численности населения), и общий коэффициент разводов (на 1 000 лиц), который не зависит от количества населения, но отображает реальную ситуацию.* Наиболее существенный рост этих показателей был зафиксировано в 2000 г. За 2005 год количество зарегистрированных разрывов браков несколько возросло, снизившись снова в 2006–2007 годах.

О кризисных явлениях в формировании семей свидетельствует тенденция к росту внебрачных рождений. Если в 1990 г. частица детей, которые появились на свет вне брака, составляла 11,2 %, то в 2006 у одиноких матерей родилось уже 21,4 % детей, или *каждый пятый ребенок.*

Высокие показатели разводов и постоянный рост деторождаемостей вне брака привели к существенным изменениям в количестве полных и неполных семей. Если до 1990 года почти 90 % детей воспитывались в полных семьях, то ныне их частица значительно сократилась. *Пропорциональное сравнение количества полных и неполных семей выглядит сегодня так: 66 и 34 % соответственно.*

Ориентации молодежи

С прогностической точки зрения важно знать нужды и настроения молодых – поскольку перспективы развития общества, успешность любых
общественно-экономических и политических трансформаций в стране
зависят именно от молодого поколения.

В последние годы на предприятиях Украины всех форм собственности (без учета статистически малых предприятий и физических лиц-
предпринимателей) 31 % учетного количества штатных работников составили молодые люди в возрасте 15–34 года. Более приоритетной
сферой занятости для них стала финансовая деятельность и торговля,
где они представляют половину всех работников. А *наименее привле-
кательными для этой возрастной группы ныне являются сельское хозяйство, предоставление коммунальных и индивидуальных услуг, деятельность в сфере образования, культуры и спорта, здравоохранение
и социальная помощь: в этих сферах только каждый четвертый работник – молодой человек.*

Как удостоверяют оценки экспертов, общий уровень доходов
населения Украины остается низким даже по стандартам стран с
переходной экономикой. При этом современная украинская молодежь по
уровню материальной обеспеченности не является исключением,
особенно это касается молодых семей, которые имеют детей. Так,
согласно национальному критерию бедности, 2006 года 6,8 % молодых
семей (с тех, которые жили отдельным домохозяйством без детей) было
признано такими, что отвечают этой категории, то есть являются
бедными (2005 года – 6,1 %). *А вот среди молодежных домохозяйств с
детьми уровень бедности составлял уже 34,5 % (соответственно –
32,8), – и это тогда, когда средний этот показатель в Украине
составлял 28,1 % (2005 – 27,1).*

Низкий уровень материального обеспечения молодежи большей частью не отвечает ее образовательному потенциалу. Так, по данным обследования условий жизни домохозяйств 2006 года, из молодых людей в
возрасте 14–35 лет высшее образование имели 38,5 %, полное общее
среднее – 44,6, базовое общее среднее – 18,1, начальное общее среднее – 3,6.

Вместе с тем существуют основания утверждать, что *образовательный потенциал молодежи надлежащих образом не реализовывается*, прежде всего в аспекте обретения ею качественного образования, которое отвечало бы нуждам национальной экономики. Выбор профессии молодыми украинцами определяется не реальными потребностями рынка работы или их личными способностями и вкусами, а в первую очередь ориентацией на престижность специальностей, которые бы гарантировали уже сегодня получение достаточно высоких и стабильных доходов. Так, в 2005-2006 учебном году доля специалистов, подготовленных в области знаний «экономика, коммерция и предпринимательство», составляла 33,5 % общего количества выпускников высших учебных заведений. При этом из выпускников, которые имеют высшее образование и находятся на учете в центрах занятости, почти каждый второй (45,5 %) имел именно эту специальность. *По экспертным оценкам, госзаказ на подготовку специалистов с высшим образованием 2006 года на 40 % не отвечал современным и перспективными нуждам экономики.*

Одной из причин значительного разрыва между национальной системой образования и потребностями рынка труда является *устаревшая экономическая модель, которая базируется не на знаниях, а на низких технологиях и дешевой рабочей силе. Благодаря этому и деформируется сфера образования в Украине, и происходит отток образованной квалифицированной молодежи за ее границы.*

Несбалансированность образовательного рынка и рынка труда привела к ситуации, которую удостоверили результаты социологических исследований: в 2006 году почти половина (48 %) работающей украинской молодежи в возрасте 14–35 лет работала не по специальности. Одними из основных причин такого положения стали: неудовлетворенность молодежи работой по специальности, учитывая жалованье (39 %), отсутствие вакансий (32) и неудовлетворенность условиями работы (14 %).

Одним из показателей уровня политической активности молодого поколения является уровень его участия в выборах. На основе расчетов, осуществленных по результатам экзит-полов, этот уровень среди 18–29-летних граждан Украины составлял: во время парламентских выборов 1998 года – почти 67 %, во время первого тура президентских выборов 1999 – соответственно 61, во время парламентских выборов 2002-го – 59, во время повторного второго тура президентских выборов 2004 – 71, во время парламентских выборов 2006 года – 57 %. *Итак, во всех выборах, которые происходили на протяжении последнего десятилетия, уровень активности украинской молодежи был ниже, чем средний уровень электоральной активности населения.*

Относительно готовности молодежи открыть собственное дело и заняться предпринимательской деятельностью результаты исследований удостоверили углубление тенденции, которая имела место в предыдущие годы: *молодежь не желает заниматься предпринимательством.* Это подтвердила почти половина украинской молодежи (2006 – 44, 2007 – 48 %). Вместе с тем 40 % 18–24-летних граждан заметили, что хотели бы стать предпринимателем, открыть собственный бизнес, но им мешают разные обстоятельства: сложная политическая и экономическая ситуация в стране, противодействие руководителей разных уровней, бюрократические преграды и высокие налоги, отсутствие первичного капитала и недоступность кредитов. К тому же, каждый четвертый молодой человек в этом возрасте и почти половина 14–17-летних (47 %) из тех, которые хотят открыть собственное дело, не имеют соответствующего для этого уровня образования.

Для будущего государства большое значение имеет также формирование у молодежи гражданских ценностей, а именно: видение ею собственной социальной перспективы в Украине, отношение к стране как к Родине, уровень патриотизма. Результаты социологических исследований Украинского центра экономических и политических исследований им. Александра Разумкова удостоверили, что *уровень гражданского патриотизма, ценностного отношения к украинскому гражданству, к Украине как Родине среди молодежи довольно низки.* Абсолютное большинство (92 %) украинской молодежи 18–28 лет воспринимает Украину как свою Родину, однако в случае гипотетического выбора избрали бы ее Родиной лишь 65 %, и почти каждый шестой – не избрал бы. Среди этой возрастной группы преобладает прагматическое и формальное понимание украинского гражданства. *Ценностное понимание – осознание себя частью единого украинского народа, его культуры и традиций – присущи лишь каждому пятому молодому украинцу.*

Среди 18–28-летних наблюдается также довольно высокий уровень вербальной готовности к получению еще одного, кроме украинского, гражданства (другой страны) и отказа ради последнего от украинского паспорта. *Среди опрошенных хотели бы получить другое гражданство 23,2% городской молодежи и 29,1 – сельской, при этом 16,4 % избрали бы российское, 12,7 – американское гражданство. А если бы для этого надо было отказаться от гражданства Украины, это сделало бы 28,7 % тех молодых людей, которые хотят поменять страну своего проживания.*

По результатам исследования Центра Разумкова, проведенного в декабре 2005 года, уровень декларированного патриотизма среди 18–28-летних является довольно высоким – 68 %, а вот уровень готовности к защите страны в случае гипотетической войны значительно ниже – 58 %. Кроме того, исследование показали, что 71 % молодых людей в этом возрасте не ощущают себя хозяевами собственного государства, 64 – недовольны своим социальным статусом, *55 % – не видят своей социальной перспективы сейчас в Украине.* Эти показатели дополняют также результаты исследований Государственного института развития семьи и молодежи, согласно которым каждый пятый молодой человек в возрасте 18–24 года смотрит в будущее с тревогой и неуверенностью, а каждый шестой – считает, что украинская молодежь не способна возродить страну.

По мнению экспертов, такая статистика свидетельствует об отчуждении молодежи от государства и о ее социальном пессимизме, обусловленном характером отношений между властью и обществом в стране, о неудовлетворительном состоянии соблюдения прав и свобод граждан.

Утрачиваемый социальный капитал

Как утверждают эксперты, парадокс глобализации заключается в том, что чем более богаты и более стойки внутренние связи общества, чем выше степень его экономической и социальной консолидации и чем полнее реализуются его внутренние ресурсы, тем успешнее оно способно адаптироваться к условиям глобального рынка. Под внутренними связями общества имеется в виду развитие социального партнерства между органами государственной власти и местного самоуправления, бизнес-структурами и организациями гражданского общества. Способность создавать и поддерживать социальные отношения и модели социального взаимодействия рассматривают как социальный капитал, который имеет бесспорное влияние на экономическое развитие каждой страны.

Роли и значению общественного капитала и его продукта – общественного доверия для развития государств уделяется все больше внимания во всем мире. В Украине в условиях трансформации общественного отношения вопроса социального капитала возникает все острее.

Одну из ключевых функций в становлении и развитии социального капитала выполняют негосударственные организации. В Украине сформирована довольно развитая сеть объединений граждан, которая охватывает всю территорию страны. По состоянию на 1 июля 2007 года в государстве зарегистрировано: 52 693 общественные организации и их филиалов, 15 867 политических партий и их филиалов, 10 705 благотворительных, 20 186 религиозных организаций, 18 960 профсоюзов и их объединений, 982 кредитные союза, 473 потребительских общества, 6 003 объединения совладельцев многоквартирных домов. *Однако по экспертным оценкам, общественно активными и независимыми организациями граждан можно назвать лишь около 2, 5 тысяч.*

Одной из главных проблем общественного движения является то, что *органы власти не считают общественные организации равноправными партерами.* Кроме того, *общество тоже не воспринимает негосударственные объединения как инструмент защиты и представления своих прав.* Как удостоверило исследование Фонда «Демократические инициативы» 2007 года, среди конкретных механизмов влияния граждан на политике государства наиболее действенными в Украине считают выборы Президента (32 %), выборы в Верховную Раду (28), участие в митингах и демонстрациях (21,5 %). Лишь незначительная часть граждан страны относит к таким механизмам участие в деятельности общественных организаций (8 %), обращение к средствам массовой информации (8) и судебные иски против органов власти (7 %).

Почти треть населения Украинского государства (28 %) считает, что оно никаким образом не может повлиять на решения власти.

По экспертным оценкам, ни органы государственной власти, ни организации гражданского общества не имеют достаточного опыта и привычек использования процедур публичной политики и консультаций, что приводит к неэффективным решениям. Как следствие, уровень вклада отечественных неправительственных организаций в ВВП (что, по мнению экспертов Института Джона Хопкинса, является критерием демократизации и развития экономики государства) *составляет меньше 1 %, тогда как в развитых странах Западной Европы этот показатель достигает 15 %.*

Одним из факторов, который отрицательно влияет на формирование социального капитала в Украине, является высокий уровень недоверия населения к органам власти. Как удостоверили социологические исследования, проведенные Государственным институтом развития семьи и молодежи совместно с общественной организацией «Украинский институт социальных исследований» и Центром «Социальный мониторинг», *этот уровень в последние годы только возрастает и уже является тенденцией. Особенно это показательно в молодежной среде.*

Страны, в которых не развит социальный капитал, не могут достичь и высокой степени развития демократии. Вместо этого в таких государствах остаются довольно высокими коррумпированность власти, показатели правонарушений и преступности – при низком уровне правовой культуры граждан. Отсутствие социального доверия – основного элемента социального капитала – не позволяет государству передать часть полномочий по вопросам социальной защиты негосударственным организациям, которые, в свою очередь, ощутимо обременяют государственный бюджет и снижает качество предоставления социальных услуг. С прогностической точки зрения, это крайне отрицательно обозначится на социально-экономическом развитии государства.

2. НЕОБХОДИМОСТЬ СТРАТЕГИИ НАЦИОНАЛЬНОГО РАЗВИТИЯ

Лидия Смола, Сергей Чолий

Роль прогнозирования в разработке национальных стратегий развития

Прогнозирование находит применение практически во всех сферах современной жизни, более того – оно становится фактором, нужным для принятия любого решения, ведь следует знать, к каким из возможных последствий те или другие действия могут привести. В частности, прогнозирование активно используется в экономической, общественной, политической жизни. Конечно, в зависимости от направлений и сферы прогнозирования, сложность и достоверность прогнозов может быть разной. *Определение возможных путей* развития, основываясь на имеющихся условиях, предусматривая тенденции, которые будут влиять на это развитие, и *выделение наиболее оптимального пути* – задача, решение которой очень важно для будущего страны. Создание комплексной стратегии национального развития с использованием современного прогнозирования определяет перспективы государства.

События, происходящие в современном мире, особенно такие, которые вызывают кардинальные изменения или являются их предвестниками, развиваются не линейно, а большей частью в форме кривых параболических форм или же синусоид: медленное начало, медленный подъем, стремительное поднятие к пику и убыль в конце – часто даже до начального уровня или и ниже. Однако по своей сути такие кривые состоят из суммы разных по форме или даже аналогичных кривых, которая усложняет их анализ. А потому во время прогнозирования нужно рассматривать весь процесс, а не его промежуточные звенья. То есть, при создании прогноза целесообразно принимать во внимание не только современное положение, а и предыдущий период, к тому же, последний должен быть как минимум вдвое длиннее прогнозируемого. Чтобы понять общую логику событий, надо рассмотреть не только этапы изменений в развитии, но и этапы продолжительной стабилизации, «поворотов» и т.п. Во время рассмотрения таких периодов наиболее распространенными ошибками являются недооценка динамики развития такой кривой и разочарование в ожидании изменений (дескать, стабильное развитие будет длиться постоянно), – а это приводит к неверным прогнозам и *отбрасыванию возможности изменений в развитии ситуации в прогнозируемом направлении вообще.*

Отдельное внимание нужно уделить подбору данных. Ошибочной является ориентация на один источник «априори достоверной информации». Более адекватным будет подход с использованием нескольких источников без абсолютного доверия ни к одному с них. Именно поэтому выдвижение гипотез и их отбрасывание дают возможность уменьшить количество неопределенностей в прогнозировании.

Тщательный подход к имеющемуся количеству фактов и не менее тщательный разностороний анализ имеющегося положения нужно переносить на современную действительность в виде *прогноза-стратегии.*

Вообще нужно решать задачу, которую выделял академик М.Згуровский, – *репрезентовать будущее, которое не может быть интерпретировано как обычное продолжение прошлого в связи с тем, что это будущее может приобретать принципиально отличные формы и структуры в сравнении с тем, что было известно в прошлом.*

Предыдущее прогнозирование с применением своременных методик и реализация его результатов в виде рекомендаций может стать важным компонентом современной стратегии национального развития. Вполне понятно, что универсальных и идеальных подходов к этой проблеме не существует. Мы можем лишь разработать определенные сценарии развития событий.

Важная цель прогнозирования – не предсказать будущее, а предоставить информацию, на основе которой можно действовать сейчас и в перспективе. Прогнозы большей частью не связаны со стратегиями, а существуют параллельно с ними. *Задача прогнозирования на сегодня – не давать готовое решение конкретных проблем, а лишь показать возможные пути развития событий.*

Необходимо стремиться увидеть спектр достоверных вариантов развития, а не отдельные факты. Прогноз может показать возможные образы действий в будущем и подготовить к принятию важных решений.

Рассмотрение стратегий развития других стран

В процессе рассмотрения возможных направлений развития Украины в будущем нужно изучить уже существующие стратегии развития, а не начинать написание стратегии «с нуля». Это даст возможность учесть положительные и негативные моменты, использовать опыт процессов реализации и т.п. Для такого рассмотрения в выборку нужно включить не только предыдущие украинские наработки, а и принять во внимание опыт других стран.

В некоторых странах созданы продолжительные стратегии развития, которые уже действуют сегодня. Для лучшего понимания украинской современной ситуации и возможных вариантов выхода из нее необходимо прежде всего провести сравнительный анализ некоторых из этих стратегий – с выявлением тех или других «рецептов» для преодоления существующего положения собственной неопределенности и выбора своего места в будущем миропорядке.

В процессах развития страны (прежде всего если речь идет о динамическом его характере) ведущую роль играют следующие факторы: эффективность системы управления и менеджмента, особенности геополитического положения и наличие экономической основы (в форме собственных ресурсов или внешней финансовой помощи).

Именно из таких позиций нами были приняты к рассмотрению следующие стратегии развития: «Индия–2020», «Россия–2020», «Казахстан–2030» и «Польша–2015». Такая выборка обусловлена разными факторами. Индия – страна, которая стремительными темпами развилась из страны, в которой доминировала аграрная экономика, к информационному обществу мирового уровня развития. Россию и Казахстан выбрано из обзора, в первую очередь, исходя из сходства условий модернизации и проблем, которые появились перед этими странами и Украиной; учтены также похожие особенности предыдущего исторического развития, ментальную близость. Две последние страны, в отличие от Индии и Украины, имеют экономическую основу в виде запасов энергоносителей. Польша – страна-сосед, с которой Украину часто сравнивают и которая также столкнулась с потребностью стремительной модернизации, а также с необходимостью обеспечения своим гражданам высокого уровня жизни в пределах ЕС. Именно сравнением направлений развития этих стран и можно получить «рецепт» для экономики и социального развития Украинского государства.

[...][1]

Осуществив сравнительный анализ стратегий развития Индии, России, Казахстана и Польши, нужно выделить *наиболее важные факторы их будущего развития*:

1. Построение стратегии каждой отдельно взятой страны непосредственно связано с конкретными проблемами, с которыми она столкнулась на современном этапе, и перспективами ее видения собственного будущего.

2. Самым важным компонентом будущего развития полагается переход к «экономике знаний», средство достижения которой – повышение научно-образовательного потенциала.

3. Экономические, социальные, геополитические проблемы рассматриваются комплексно, как и средства их решения.

4. Для «рывка» в экономическом развитии страны используют определенную финансовую базу. Для РФ и Казахстана это – энергоресурсы, для Индии – капиталы, накопленные национальной экономикой и «перекачанные» в приоритетные области. Польша имеет обеспечение для институционных реформ со стороны ЕС.

5. Развитие связывается также с большей интенсификацией и уменьшением энергоемкости.

Украинские стратегии национального развития

На протяжении существования украинского независимого государства осуществлялись попытки разработки проектов стратегий национального развития. К сожалению, ни один из них не был полностью воплощенным. Причини этого следующие: в продолжительной политической нестабильности, которая делала невозможным реализацию этих проектов, в

---

1   *От редакторов*: в реферате подробный анализ указанных стратегий сокращен, оставлены выводы.

отсутствии целостного, системного подхода к их внедрении и в внешнем информационно-пропагандистском влиянии, которое постоянно дестабилизировало внутреннюю ситуацию в стране.

Ныне важно определить факторы развития, которые были заложены в эти проекты, осуществить их сравнительный анализ и изучить возможности использования этих факторов в современных условиях.

К рассмотрению взяты стратегии «Украина–2010» и «Путем европейской интеграции» – как одни из первых попыток комплексного видения места Украины в будущем[2], а также стратегии «Украинский прорыв: для людей, а не для политиков» и «Украина-2015: национальная стратегия развития» – как современные взгляды на развитие Украины.

Программа «Украина-2010». Стратегия экономического и социального развития Украины «Путем европейской интеграции» на 2004-2015 года

В этих стратегиях был осуществлен общий анализ геополитического положения Украины и ее места в мировых экономических процессах. Согласно геополитическим вызовам со стороны соседей, Украина должна стать на путь интеграции в ЕС и развивать новые экономические связи со странами Западной Европы. В комплексе сотрудничества между ведущими экономическими игроками на международной арене Украина должна выбрать срединное направление – и приобщиться к общемировым экономическим процессам и мировому рынку. Особое внимание отводилось сотрудничеству с Мировым банком и иностранными экономическими организациями.

Во внешнеполитических контактах, исходя из позиции авторов стратегий, Украина должна придерживаться многовекторного направления, ориентируясь как на Европу, так и на СНГ, на США и другие регионы. Уникальное географическое расположение дает Украине возможность возможность участия в евро-азиатских транспортных коридорах.

---

2   *Україна–2010/* Національний інститут стратегічних досліджень // http://www.niss.gov.ua/book/journal/Ukr2010.htm; *Стратегія* економічного і соціального розвитку України (2004–2015 роки) «Шляхом європейської інтеграції». – К., 2004. – 416 с.

Экономическое развитие, по мнению авторов стратегий, должно быть обеспечено прежде всего инновационными технологиями, борьбой с «утечкой мозгов» за границу и высокотехнологической модернизацией. Важнейшей задачей экономики определено ее опережающее развитие. В таком развитии бюджетные ресурсы должны быть преобразованы на основной фактор экономического роста – именно их инвестиции в инновационную экономику и должны его обеспечить.

Ориентированными областями развития в стратегиях было названо: ресурсосохраняющие технологии, производство новых материалов, биотехнологии, ракетно-космические и авиационные технологии, технологии ВПК. Отдельными направлениями должны стать малый и средний бизнес, в частности развитие туризма и рекреации, сельское хозяйство.

Однако основное внимание в этих программах отводилось именно экономическим проблемам – как внутренним, так и внешним. Социально-демографическая сфера должна развиваться вместе с экономикой. Главная цель – достижение европейского уровня жизни одновременно с повышением качества социальных услуг, но *социальная составляющая все же отодвигается на второй план сравнительно с экономической составляющей.*

«Украина-2015: Национальная стратегия развития»

Стратегия предложена в начале 2008 года общественным объединением «Украинский форум» – негосударственной организацией[3]. Данная стратегия сосредоточивается на основах современной мировой экономики – глобализованной «экономики знаний». Лишь при создании условий, благоприятных для существования в современном мире, украинская экономика будет иметь возможности для конкурентного развития. Имеющийся образовательный и научно-технический потенциал и его усовершенствование – основные средства достижения этой цели.

Реализация такой стратегии будет развиваться в процессе сотрудничества власти, населения и бизнеса. Построение доверительных отношений между этими тремя звеньями – первое из задач стратегии.

---

3   См.: http://www.uf.org.ua.

Желательным для экономики стратегия считает выполнение двух условий: 1) выделить концептуальные принципы инновационно-технологического развития и 2) проводить государственную политику в конкретно спланированных пределах та направлениях. Такая политика не даст быстрых результатов сразу, однако обеспечит их в будущем. Внимание государства в экономической сфере должно сосредоточиваться на поддержке образовательного и интеллектуального уровня населения, развитии технологий и внедрении их в своей стране – при ограниченном их экспорте. Межрегиональное сотрудничество в этом случае будет выступать стимулом к развитию экономики в целом.

Итак, применение украинских изобретений на практике в пределах нашей страны – приоритетная задача развития. Если отток инноваций будет продолжаться, экономика Украины, которая почти не вырабатывает современной и высококачественной конкурентоспособной продукции массового потребления, придет в упадок. Обеспечение социальных гарантий и большие объемы адресной помощи населению добавляются к себестоимости продукции, а это делает возможности ее продать еще более низкими, особенно на мировом рынке.

Поэтому в процессах реорганизации экономики украинский капитал должен приобщаться к глобальной экономике, ориентироваться на законы мирового рынка и транснациональных корпораций (ТНК). Государственная политика относительно ТНК будет базироваться на расширении границ влияния большого национального бизнеса на другие страны через удешевление экспорта капиталов. Вместе с тем с расширением «национальных ТНК» следует привлекать и иностранные, но выборочно, поскольку подчинение транснациональным корпорациям национальных производственных мощностей может привести к вмешательству ТНК во внутренние процессы последних и к их зависимости в своем развитии.

Диспропорция национальной экономики, которая определяется производством преимущественно материалов, а не средств производства, может быть преодолена путем переоборудования и создания сборочных и перерабатывающих предприятий. Модернизация, в которой прежде всего заинтересовано государство, должное ею же и поддерживаться. Амортизационные отчисления и налоговые льготы на инновации – мировая практика, которая должна быть применена и в Украине.

В пределах существующей экономической системы нужно соединить отдельные модели экономического развития: догоняющую, потребляющую и опережающую. Наиболее эффективной, конечно, будет последняя, однако переход к ней сразу во всех отраслях не является возможным.

Выполнение определенных задач будет достигнуто при условии формирования легального и взаимовыгодного отношения и доверия между властью, бизнесом и населением. Стабильное экономическое развитие зависит от гуманитарного, социального развития.

В комплексе с экономическими реформами должна быть проведена также реформа власти. Она будет состоять в дебюрократизации – упрощении процедур и сокращении сроков принятия решений в государственных органах власти, в децентрализации – передаче большего количества полномочий к низшим уровням управления, а также в дерегуляции – отказу государства от части регулятивных функций.

«Украинский прорыв»

Следующая стратегия комплексного развития Украинского государства состоит, фактически, из двух абсолютно разных, однако похожих по названиям, составляющих. Это предложенная к выборам 2007 года стратегия национального развития *«Украинский прорыв. К справедливой и конкурентоспособной стране»*[4] и программа украинского правительства Юлии Тимошенко, созданного в Верховной раде шестого созыва, *«Украинский прорыв: для людей, а не для политиков»*[5]. Эти два документа, вопреки сходству названий, кардинально различаются за своей сутью.

Стратегия национального развития делает ударение на приоритетности бурного инновационного развития и базируется на принципах, аналогичных предыдущим программам, однако с перенесением акцентов.

---

4   *Програма* стратегічного розвитку України «УКРАЇНСЬКИЙ ПРОРИВ. До справедливої і конкурентоспроможної країни» / Персональний сайт Юлії Тимошенко // http://www.tymoshenko.com.ua/ukr/exclusive/documents/4346/.

5   *Програма* діяльності Кабінету Міністрів України «Український прорив: для людей, а не політиків» / Офіційний сайт Верховної Ради України // http://zakon.rada.gov.ua/cgi-bin/laws/main.cgi?nreg=n0001120-08.

Кроме суммы законодательных изменений и реформирования судебной системы она предусматривает комплексную перестройку экономики.

Информационные преобразования, массовая инернетизация и свободный доступ к СМИ будут содействовать созданию гражданского общества и развития образовательного уровня населения. Массовый, свободный и дешевый доступ к общественно важной информации обеспечит общественную стабильность. Поддержка государством «социального лекарства», отечественной системы здравоохранения, молодых семей обеспечит постоянную рождаемость и выход из демографического кризиса. Это, вместе с внедрением медицинского страхования, сохранением гарантированных государственной медицинских услуг и поддержкой со стороны работодателей, повысит общий уровень здоровья и продолжительность жизни населения.

Инновационное развитие предполагается сделать основной задачей на следующие 10 лет – с целью сохранения конкурентоспособности украинской экономики в будущем.

Интеллектуальный прорыв – это обеспечение равного качества образования и воспитания детей, стимулирование частных инвестиций в профессиональное и высшее образование, а также в прикладные и фундаментальные исследования, поддержка бизнеса, который использует и развивает производственные технологии, обеспечение свободной конкуренции на рынке высоких технологий, интернет-услуг, мобильной связи. Вместе с тем это и обеспечение авторских прав и защита интеллектуальной собственности.

Стратегия «прорыва» предусматривает также использование транзитных возможностей страны – через партнерство государства и бизнеса.

Бизнес, малый и средний, должны быть приоритетным для развития, ведь лишь он сможет обеспечить рабочими местами население. Важное место в стратегии отводится социальной ответственности бизнеса, который должен стать регулятором государственной социальной политики и обеспечить социальную стабильность.

Развитие сельского хозяйства будет происходить путем интенсификации исследований в агропромышленной сфере и более эффективного использования материальных ресурсов.

Стратегия имеет целью быстрый прыжок украинской экономики с помощью применения новейших инновационных и энергосберегающих технологий, созданных на национальной базе. То есть это – ответ на вызовы глобальных процессов и построение экономики, основанной на знаниях.

Стратегия предлагает развитие в 12 основных направлениях. С помощью такой комплексной деятельности планируется выйти из продолжительного экономического кризиса и значительно усилить не только экономический или демографический потенциал, а и поднять уровень жизни преобладающей части населения.

Второй вариант «прорыва» – программа правительства. Он кардинально отличается от предложенной перед выборами стратегии и уже не является адекватной задачей долгосрочного развития страны[6]. Прежде всего, эта программа базируется на поспешной оценке и вниманию к локальным проблемах экономического и социального жизни страны. Ее основная задача – решение проблем, которые существуют сейчас, будущее снова откладывается «на потом». Программа перегружена предвыборными обещаниями и огромными социальными обязательствами перед населением. Средства и в дальнейшем «проедаются», а не используются как инструмент структурных реформ[7].

Стратегия развития страны «Украинский прорыв» не является реализованной. Даже больше – от нее практически отказались, сменив краткосрочной программой правительства, направленной прежде всего на удовлетворение электората и текущих нужд[8]. Украинское государство и в дальнейшем остается без комплексной программы национального

---

6   *Єрьоменко Алла, Яценко Наталія.* Чия передвиборна «цукерка» солодша? // Дзеркало тижня. – 2007. – № 30 (659). – 18–24 серпня.
7   *Лемак Василь.* Програма уряду потребує доопрацювання // Дзеркало тижня. – 2008. – № 3 (682). – 26 січня.
8   *Мосенцева Тетяна, Семиноженко Володимир.* Те, що відбувається зараз, – це не реформи, а профанація реформ // День. – 2008. – № 10. – 22 січня.

развития[9]. Мировой экономический кризис 2008 г. и его влияние на украинскую экономику вообще перевели руководство экономикой и социальными процессами в «ручной режим», в котором решение реальных проблем оказалось заложни ком популистских лозунгов власти оппозиции в условиях очередной избирательной кампании рубежа 2009-2010 гг.

Проанализировав украинские стратегии национального развития, целесообразно сделать ударение на итоговых тезисах:

1. Украинские программы развития прямо связаны с текущей политической борьбой, зависимы от лица премьер-министра или президента, их команд. Независимой от политических игр комплексной стратегии национального развития Украины еще не было создано и реализовано.

2. Стратегии не формируются на принципе взаимной преемственности, каждая предлагает что-то новое, а не дополняет предыдущие.

3. В Украине необходимо создать единую, комплексную, независимую от политических изменений стратегию и социального, и экономического развития, которую будут последовательно выполнять последующие правительства.

4. Успешное существование Украины в будущем будет обеспечено симбиозом трех составляющих: бизнеса, власти и населения. Лишь их взаимовыгодное сотрудничество может гарантировать сбалансированное развитие государства. Тенденции к этому пока что малозаметны.

5. Популизм и стремление получить поддержку у населения – важный компонент политической борьбы, однако национальная стратегия должна базироваться на четком экономическом прогнозировании и расчетах, а не на предвыборных заявлениях относительно немедленного улучшения жизни.

«Украина–2015: Цели развития тысячелетия» как необходимый компонент стратегии национального развития

Для более объективного освещения вопроса стратегий национального развития следует проанализировать и положение стратегии «Украина–

---

9   *Гашинський Олексій.* Чому нам не пропонують реформ? // День. – 2007. – № 180. – 20 жовтня.

2015: Цели развития тысячелетия», предложенной Украине мировой общественностью[10].

На «Саммите тысячелетия» ООН (2000 год) мировые лидеры определили в «Декларации тысячелетия» ключевые цели и задача развития до 2015 года, которые стали известные как Цели развития тысячелетия (ЦРТ).

Согласно Декларации тысячелетия, которое содержит прогнозируемые ООН на 2015 год индикаторы относительно основных характеристик социального развития, Украина взяла на себя определенную сумму обязательств. Согласно отдельным задачам (Целям) и индикаторов к ним, в Украине необходимо осуществить ряд мер, которые будут содействовать их реализации. Задачи ЦРТ затрагивают в основном социальные проблемы, но не все – лишь острейших из них. Декларация тысячелетия выполняется большинством стран мира и служит прежде всего мерилом цивилизованности и лояльности к программам ООН. Это ориентиры развития стран на перспективу, обобщенные и количественно измеренные, – вообще 8 целей, 18 задач и больше 40 показателей. Они положены в основу правительственных программных документов социально-экономического развития стран.

Задачи Украины – часть общемировых задач. Украинскими и международными экспертами проведено аналитическую, организационную и обобщающую работу по адаптации глобальных Целей декларации тысячелетия к национальному уровню. Результатом этой работы стал подготовленный в 2003 г. Министерством экономики Украины (при содействии Программы развития ООН в Украине) аналитический доклад «ЦРТ – Украина». Для конкретизации и определения более амбициозных и вместе с тем реалистических направлений развития человека в Украине был проведен ряд обсуждений, в которых принимали участие специалисты министерств и ведомств, эксперты агентств ООН в Украине, международных донорских организаций, представители общественных организаций, аналитических центров. В том же 2003 г. Кабинет Министров Украины подготовил аналитический доклад относительно ЦРТ, в котором были указаны основные направления деятельности в обозначенной сфере.

---

10   *Україна.* Цілі розвитку тисячоліття // сайт Всеукраїнської екологічної неурядової організації «Мама–86» // http://www.mama-86.org.ua/files/ukraine2000.pdf.

После принятия ЦРТ Украина использует их во многих сферах, в частности в законодательстве и национальных программах. «Цели развития тысячелетия» для Украины стали долгосрочным программным документом, который содержит основные индикаторы человеческого развития и постоянного развития окружающей среды до 2015 года, согласованные с прогнозируемыми макроэкономическими показателями.

Вместе с тем и ООН предлагает основные рецепты и меры, необходимые для решения обозначенных проблем. *Для Украины было определено шесть основных целей:*

1) преодоление бедности,
2) обеспечение качественного образования в течение жизни,
3) устойчивое развитие окружающей среды,
4) улучшение здоровья матерей и уменьшение детской смертности,
5) ограничение распространения ВИЧ/СПИДа и туберкулеза,
6) обеспечение гендерного равенства.

Например, относительно первой цели определялись следующие основные задачи и индикаторы (см. *рисунок*).

В контексте деятельности современного и будущих правительств Украины нужно подчеркнуть, что ЦРТ является последовательным внутриполитическим курсом, который должен всеми правительствами соблюдаться независимо от политических убеждений. Понятно, что ЦРТ должны быть неотъемлемой частью стратегии национального развития на последующие годы.

Создана «Система национального программного окружения программы ООН». ЦРТ вошли в систему украинского законодательства и предусмотрены в комплексе с другими мероприятиями по улучшению качества жизни населения. *Ориентация на ЦРТ при создании единой стратегии национального развития могла бы обеспечить некоторуюстабильность гуманитарной и социальной политики.*

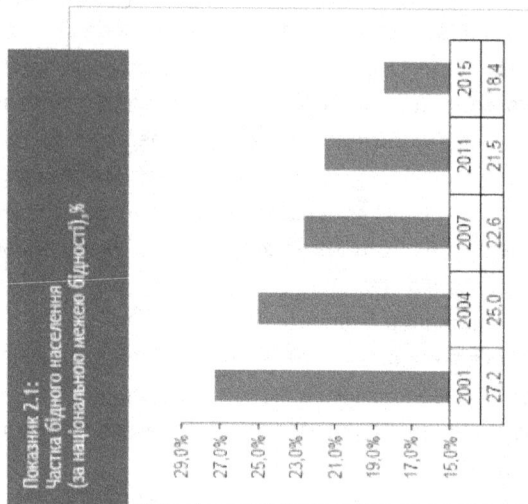

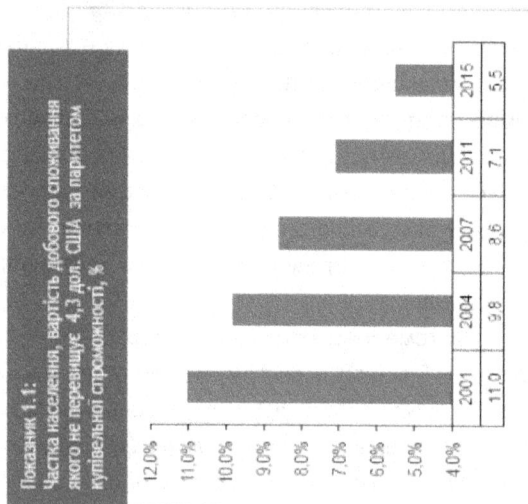

Рисунок 25.   Основные задачи и индикаторы по «Целям развития тысячелетия» для Украины. *Задача 1 (слева): уменьшить до 2015 г. вдвое долю населения, стоимость суточного потребления которого не превышает 4,3 долл. США при паритете покупателной способности (сравнительно с 2001). Задача 2 (справа): уменьшить на треть долю бедного населения (ниже национальной границы бедности).*

Влияние глобализационных процессов и перспективы развития

Отдельный важный фактор контекста национального развития – влияние глобальных процессов на будущее Украины. Современный мир нужно рассматривать как единое целое; все процессы, которые происходят в нем сейчас, тесно взаимосвязаны.

Большинство развитых стран выработали продолжительные стратегии развития. Их основа – инновации и построение «умной экономики знаний».

Будущая глобальная экономика будет определяться следующими факторами: либерализацией экономических отношений, расширением доступа к инновациям и технологиям, рационализацией и типизацией производств. Глобализация экономики может вызвать такие явления, как экономическое доминирование, базирующееся на технологиях, процессы глобализации исследований, обмен рынка на технологии и т.п.

В дальнейшем будет уменьшаться доля инвестиций в материальную сферу и будет увеличиваться – в человеческий капитал и нематериальные активы. Будет возрастать потребление энергии (на 60%[11]), однако энергоемкость производства будет уменьшаться: до 2020 года ее прогнозируют на уровне 75 % от 2005 и 50 % – от 1990.

Среднегодовые темпы прироста ВВП в течение периода до 2020 г. будут составлять 4,2–4,4 %. Мировой ВВП увеличится почти вдвое – до 117 трлн долл. США на 2020 год[12]. Основной вклад в развитие мировой экономики будут делать КНР и Индия. Страны постсоветского пространства вообще будут развиваться на уровне выше среднего – за счет перестройки экономики, однако в отдельных государствах этот процесс может происходить абсолютно по-разному.

По мировому ВВП страны распределятся приблизительно так: КНР (23 %), США (18 %), Индия (8,4 %), Япония (4,6 %), РФ (3,2 %), ФРГ

---

11 *Annual* Energy Outlook 2002 with Projections to 2020, International Energy Outlook worldwide energy projections to 2025 / Energy Information Administration – EIA (сайт Адміністрації енергетичної інформації уряду США) // http://www.eia.doe.gov/bookshelf.html.

12 *Мировая* экономика: прогноз до 2020 года. – М., 2007. – 429 с.

(2,9 %), Бразилия (2,4%)[13] . Именно относительно этих стран прогнозируется активный процесс экономической трансформации и адаптации к глобальным условиям, поиску национальных и многосторонних моделей приспособления к глобальной экономике. Согласно другим данным[14], темпы мирового роста будут находиться на уровне в среднем 3,4–3,6 % ежегодно при преобладающем вкладе в мировое развитие тех же стран: КНР (26,7 %), США (15,9 %), Индии (12,2 %), Бразилии (2,4 %), РФ (2,3 %), Индонезии (2,3 %), Республики Корея (2,1 %).

Относительно разработки и применения новейших технологий, то увеличение затрат на инновационные проекты в Китае и Индии приведет к тому, что в 2020 г. Китай будет иметь 20 % производства инноваций, а Азия вообще – до 45 %. Доля США будет составлять до 25–30 %. Доля Европы в этом производстве упадет. Инновации значительно облегчат и усовершенствуют жизнь людей, однако полностью не освободят их от других проблем.

Также исследователи полагают, что вместе с тем с ростом ВВП будет происходить замедление темпов роста численности населения в мире. На 2020 г. оно составит, по разным оценкам, 7,5–8 млрд чел. В Украине количество населения уменьшится – на 16 % (до 40 миллионов)[15] . На 2020 г. почти половина населения земного шара (по мнению других экспертов – 2 млрд чел.) будет проживать в странах с ежегодным ВВП на душу населения свыше 10 тыс. долл. США[16] . В средний класс может превратиться до 40 % население.

По-новому проявится перед человечеством проблема обеспечения продуктами питания. До 800 млн чел. могут оказаться перед угрозой голода, который подтверждается также нынешним ростом цен на продовольствие. Это, вместе с изменением климата, может вызвать чрезвычайные изменения в геополитической ситуации.

---

13   *Дынкин Александр*. Мировая экономика: Новая логика роста / Ведомости. – 2007. – № 116. – 27 июня.

14   *Foresight* 2020 – economic, industry and corporate trends – CISCO systems & The economic   intelligence   unit,   2006 // http://tools.cisco.com/dlls/tln/page/research/detail/rs/2006/2020foresight

15   *Джерело:* http://web.worldbank.org (сайт Світового банку).

16   *Мировая* экономика: прогноз до 2020 года. – М., 2007. – 429 с.

Новой проблемой для человечества также станут новые болезни, в частности психические расстройства, атипичные инфекции, летальные болезни и т.п. Затраты на здравоохранение возрастут с 3,8 до 6,18 млрд долл. США[17].

Учитывая вышесказанное, очевидно, что предыдущее планирование и прогнозирование возможных катаклизмов, а также учет современных мировых тенденций развития может значительно помочь в будущем. Любую проблему будет легче предупредить, чем бороться с ее последствиями.

Обобщая наш анализ, нужно выделить основные факторы, которые обеспечат тем странам, которые их избрали, стабильное развитие на уровне ведущих государств мира:

1. Переведение средств в сферу науки, образования, инновационных исследований (до 2-4 % от ВВП).
2. Инновационный характер экономики, отказ от догоняющей и предоставление преимущества опережающей модели развития – за счет внедрения соответствующих технологий.
3. Улучшение систем социального обеспечения и защиты населения.
4. Специализация и выделение в развитии отдельных стран нескольких (3-4) приоритетных областей развития.
5. Поиск странами своего места в глобальном разделении труда, использование геополитических возможностей.
6. Диверсификация развития.
7. Увеличение эффективности производственных процессов и администрирования.

Предварительные сценарии развития и рекомендации

С учетом имеющихся тенденций развития глобальной экономики и экономического региона Центрально-Восточной Европы, согласно существующим ныне основным стратегиям развития Украины, можно прогнози-

---

17 *Филатов Вадим.* Мировое здравоохранение. Состояние, оценки, перспективы // http://www.strana-oz.ru/?numid=29&article=1235.

ровать несколько основных вариантов ее развития: пессимистический, базовый и оптимистичный[18] .

Пессимистический вариант будет характеризоваться: постепенным замедлением накопления внутренних финансовых ресурсов и недостаточным использованием инвестиционных поступлений для технологического обновления производства, ростом инфляции и внешнего государственного долга, замедлением темпов экономического роста и приближением их к среднемировым. Это будет означать дальнейшее уменьшение доли Украины в мировом развитии.

Этот сценарий может реализоваться в основном при таких условиях: инновационная деятельность и в дальнейшем будет стимулироваться в ограниченных объемах, научно-техническая и образовательная сферы будут финансироваться по «остаточному принципу», сохранится нынешний уровень функционирования инновационной инфраструктуры, не будет принято единую государственную программу экономического стимулирования инновационной деятельности, материальная база производства и в дальнейшем будет обновляться неравномерно и в недостаточных объемах, будет сохранен высокий уровень материало- и энергоемкости конечной продукции.

По базовому сценарию украинская экономика будет продолжать расти, опережая в своем развитии мировую приблизительно вдвое; экономическое развитие Украины и в дальнейшем будет иметь опережающий характер. В 2012–2020 годах оно стабилизируется на уровне 6–6,5 %. Высокий уровень экономического подъема будет основываться прежде всего на почве стремительного роста инвестиций. Такая динамика экономического развития нуждается в увеличении их объема по меньшей мере в 4,5 раза, общий объем инвестиций имеет вырастить на 130–150 млрд долл. США.

Важным фактором, который обеспечит стабильное развитие, будет также решение проблем «тенизированной» экономики и процессов переведения ее в легальную сферу.

---

18   *Стратегія* економічного і соціального розвитку України (2004–2015 роки) «Шляхом європейської інтеграції». – К., 2004 – 416 с.

Отдельным направлением привлечения инвестиций должны стать прямые иностранные инвестиции, притоку которых должно значительно поспособствовать вступление во ВТО.

Средством достижения такого сценария станет внедрение финансовых и таможенных стимулов, связанных с инновационным развитием. Финансовый и социальный статус работников сферы науки будет возрастать, поскольку будет стимулироваться бизнесом ради модернизации собственных производственных мощностей.

Оптимистический сценарий предусматривает в долгосрочной перспективе среднегодовые темпы роста на уровне 8–10 %. Обеспечение такого уровня развития экономики будет достигнуто инновационной направленностью структурной перестройки производства и созданием современного научно-технологического потенциала. Стратегия предусматривает активное использование разных источников средств, в том числе национальных, иностранных, сбережений населения. Пенсионная реформа на накопительной системе тоже станет средством экономического подъема. Рост инвестиций в среднем планируются на уровне 14 % на год.

Будет произведен комплексный подход к решению проблемы создания и применения инноваций, будет действовать комплексная программа относительно их привлечения и улучшения общего инвестиционного климата для реализации инновационных проектов, будут применяться специальные стимулы для инновационных технологических изменений. Относительно обеспечения инноваций, то можно ожидать создания регулированного государством технологического рынка, который будет работать на самообеспечение, однако при государственной поддержке на начальном этапе.

Реализация этих сценариев развития зависит в основном от того, сможет или не сможет власть обеспечить перестройку экономики на началах знаний. Состояние современной экономической жизни в Украине свидетельствует о возможности реализации наиболее пессимистических прогнозов, поскольку высокая инфляция и падение покупательной способности населения вызывают медленное снижение темпов развития экономики, усугубленное экономическим кризисом, кризисом доверия к банковской системе, и поэтому могут вызвать ее застой. Результаты непоследовательной политики власти пока что тяжело предусмотреть, однако они являются однозначно негативными.

Во время прогнозирования – благодаря критическому подходу к реализации прогнозов – возникает возможность для создания общих моделей развития страны. В сочетании с имеющимися стратегиями экономического развития определяются принадлежности Украины к той или другой модели.

Учитывая возможность реализации стратегий развития как в полном объеме, так и наоборот – торможение этого процесса и движения страны путем, отличным от запланированного, целесообразно выделить диаметрально противоположные модели развития.

Переход Украины к уровню *«государства третьего сорта»* будет вызван прежде всего отсутствием единого направления развития страны. Недостаточность инвестиций в интеллектуальную сферу вызовет старение основных фондов производства. Большие социальные отчисления и откровенный популизм власти еще больше снизят имеющиеся темпы экономического развития, которое, в свою очередь, усилит негативные социальные тенденции.

Отдельным возможным вариантом развития такой ситуации является политический раскол Украины, ускоренный ухудшениям положения преобладающей части граждан. Сейчас такая ситуация является маловероятной, однако остается возможной – учитывая продолжительные кризисные явления в политической жизни и активную пропаганду этого сценария извне. Политическая нестабильность, особенно продолжительная, начнет влиять и на макроэкономические процессы в стране, что нарушит устойчивые процессы развития.

Исследователи выделяют также как вариант вхождения Украины в экономический союз с Российской Федерацией и изменение вектора внешнеполитической ориентации и внутреннего развития на позиции «хартленда» – в частности, по экономическим причинам. Однако и собственно ментальные ориентиры значительной части украинцев, и мировое геополитическое положение могут помешать такой модели развития.

С другой стороны, в идеале, используя собственные геополитические преимущества и осуществив интенсивную модернизацию в направлении создания «экономики знаний», Украина имеет возможность до

2020 года стремительно изменить структуру общества путем увеличения доли среднего класса до 50–70 % – и войти в «золотые два миллиарда» мирового населения. Важный компонент в такой модели развития – политическая стабильность и четко сформулированная направленность действий власти.

На современном этапе Украина продолжает «балансирование» между несколькими возможными вариантами развития. Но такая ситуация интерпретируется скорее как негативная для общего развития. Политические силы пропагандируют необходимость присоединения к разнонаправленным векторам внешней политики, интеграционных объединений и т.п. Однако не это является главным критерием успешного развития страны. Теоретически возможное вступление в ЕС или ЕЭП автоматически не решит всех экономических проблем, равно как и вступление в НАТО – вопросов безопасности. Их решение – внутри самой страны.

Утверждению «отдельности» развития Украинского государства будут содействовать также такие важные факторы, как ментальные особенности украинцев и их исторический опыт. Вхождение Украины к тем или иным союзам большей частью заканчивалось негативно для нее самой – ее покорением или оккупацией. Это наконец закономерно вылилось в максимальное внимание (пока, увы, нереализованное в полной мере) к решению *собственных* внутренних дел, поиску *собственного* пути развития с опорой исключительно на *собственные* силы – даже во времена пребывания в границах других государств. Такой принцип в условиях ускорения глобализации имеет все шансы обеспечить Украине успешность развития. Но самое важное в этом процессе – найти объединительную тенденцию для всей гражданской нации.

В условиях развития современного глобализованного мира и, соответственно, глобализированной экономики, Украина стоит перед непростым выбором пути своего будущего развития и, соответственно, места в мире. *Цели такого развития и способы их достижения должны формироваться в первую очередь согласно национальным интересам.*

На этом этапе Украинское государство нуждается в создании и принятии – как основного нормативного акта – долгосрочной национальной стратегии развития, которое будет базироваться прежде всего на научных достижениях и аргументации. Такая стратегия

*должна быть независимой от политических изменений в государстве
и должна обеспечивать всестороннее развитие – как экономическое,
так и социальное. В ее создании необходимо учесть мировой опыт и
глобальные экономические и политические процессы.*

Основной идеологией стратегии должны стать изменения в национальной экономике, переход к глобализованной «экономике знаний» путем институционных реформ. Государственная политика должна быть направлена на повышение эффективности производства.

В процессе изменений Украина должна найти свое место в мировой экономике, мировом разделении труда и в первую очередь развить и интенсифицировать несколько ведущих отраслей, ориентированных на экспорт. Они выступят в роле «локомотивов» для других отраслей. Аналогичную работу необходимо будет провести и в сфере использования транспортных возможностей Украины в глобальном масштабе.

Построение «экономики знаний» будет базироваться на увеличении отчислений ВВП на науку и образование до 3–4 %. Таким образом, будет сохранен уже имеющийся интеллектуальный потенциал и заложена основа для создания нового. Именно этот потенциал сможет обеспечить производство инновационными технологиями и сделает его конкурентоспособным.

В пределах политики, направленной на развитие производства внутри страны, целесообразно выделить политику, которая будет поощрять бизнес к внедрению новейших технологий – как национального производства, так и зарубежных – и сделает инвестиции в инновации льготными (*развитие венчурного финансирования*).

Отдельной сферой в развитии инновационной деятельности должны стать уменьшение энергоемкости производства. Согласно прогнозам, на 2020 год потребление энергии уменьшится на 25 %, однако цены на нее не будут падать[19]. *Поэтому эффективность экономики и обеспечения Украины энергоресурсами собственного производства – задача из сферы национальной безопасности.*

---

19   *International* Energy Outlook worldwide energy projections to 2025 / Energy Information Administration – EIA (сайт Адміністрації енергетичної інформації уряду США) // http://www.eia.doe.gov/bookshelf.html.

Государство должно создать цепь *образование – наука – инновации – успешная экономика – благосостояние населения* и обеспечить его нормальное функционирование. Для общей выгоды должны быть налажен диалог *государство – бизнес – население.*

В решении проблем социального развития населения Украины нужно использовать Цели развития тысячелетия – как основу и желательный результат.

Кроме социально-экономической составляющей, нужно также обратить внимание на вопрос государственной безопасности и отдельные ее компоненты.

Проведенный общий анализ убедительно удостоверил, что национальная стратегия развития однозначно необходима Украине. Если эта стратегия будет независимой от политических процессов внутри самой страны и будет ориентироваться на современные прогнозы и экономические расчеты, то ее реализация сможет обеспечить развитие национальной экономики и достойный уровень жизни населения.

Такая национальная стратегия должна базироваться прежде всего на национальных интересах Украины. Их соединение с мировым опытом и учетом глоаблизационных процессов обеспечит Украине возможность занять достойное место в современном мире.

3. СОСТОЯНИЕ И ПЕРСПЕКТИВЫ АУДИОВИЗУАЛЬНЫХ МЕДИА

Сергей Гнатюк

Глобальные факторы развития медиа-сферы

Одна из фундаментальных особенностей современного глобального развития – бурное развитие информационно-коммуникационных технологий (ИКТ), формирование планетарного информационного общества, мощное развертывание процессов медиа-глобализация. Темпы роста и динамика контента современного глобального информационного среды дают все основания говорить о новом этапе развития человечества, связанного с кардинально новыми возможностями доступа индивида к информации, коммуникации, образованию, работе, культурному достоянию.

Вместе с тем, именно СМИ и ИКТ являются ныне одним из основных инструментов социальной инженерии и борьбы за власть и влияние – как на локальном, так и на глобальном уровнях. Согласно официальным данным ЦРУ, количество стран, которые разрабатывают ныне информационное оружие, превышает 120 (оружие массового уничтожения при этом разрабатывают в 30 государствах). Существет возможность вести информационные войны, одной из «классических» задач которых является соответствующая психологическая обработка руководства, войск и населения соперника[1]. В основе концепций национальной безопасности всех ведущих и большинства развитых стран современного мира лежит так называемая доктрина «мягкой силы» (soft power), которая предусматривает достижение соответствующих внутренне- и внешнеполитических задач прежде всего через осуществление (или блокирование) целенаправленных системных психологичных-информационно-психологических влияний на сообщество и личность. Подчеркнем, что одним из основных инструментов достижения этого в большинстве стран, не исключая Украину, являются именно аудиовизуальные медиа.

---

1   *Ист:* infoforum.ru/presentation_10/sector6/pmfio5.ppt.

В наше время активно используются и развиваются разные технологические форматы телерадиовещания – эфирное, кабельное, спутниковое, аналоговое и цифровое, Интернет-ТВ и радио. Развитие ИТК движется в направлении их конвергенции, которае дает возможность распространять аудиовизуальный контент разными путями – эфиром, Интернетом, разными телекоммуникационными и компьютерными сетями и т.п. Телерадиовещание сегодня становится все более более диалогическим, интерактивным. Кроме вертикальных (собственное – массовых) медиа-структур, возникают альтернативные горизонтальные, ориентированные на адресное обслуживание относительно малых групп. Возле с обычной стратегией broadcast все более шире применяется narrowcast (соответственно – «узкое вещание»: кабельное ТВ, адресные рассылки сообщений, специальные интернет-сервисы, «нишевые» каналы и т.п.).

Направления мирового развития ИТК и телерадиовещания позволяют утверждать, что такие тенденции сохранятся и в дальнейшем. В частности, на протяжении ближайших лет рынок «узкого» вещания в странах Европы методически «будет оттягивать» на себя аудиторию традиционного (массового) телевидения. Вместе с тем, эти технологические изменения касаются прежде всего *доставки и распределения* аудиовизуального продукта, лишь во вторую очередь задевая его *создание и содержание* (преимущественно в смысле его пригодности для той или иной фокус- группы). После завоевания определенного сегмента телеаудитории этими технологиями ситуация, вероятнее всего, стабилизируется, оставив продукт, рассчитанный на массового зрителя, на достаточно серьезных позициях даже в наиболее развитых информационно странах. Одна из главных причин этого состоит в значительных военно-политических и экономически-финансовых выгодах телевидения с большой аудиторией.

Современная Украина не остается в стороне от этих тенденций: до 2015 года (когда наше государство должно перейти на цифровой формат вещания), а возможно, и некоторое время после этой даты массовое телевидение (читай – распространение массового аудиовизуального продукта) в основном сохранит свое влияние, хотя, вероятно, на другой технологической базе. *Сегодня же оно абсолютно доминирует в структуре информационного потребления граждан Украины и явля-*

ется основным каналом целенаправленных информационно-психологических влияний на наш социум[2].

Учитывая это, ради обеспечения интересов украинского общества и граждан национальное телерадиовещание « в идеале» должно выполнять ряд важных социально-регулятивных функций, а именно: а) удовлетворение коммуникативно-информационных и просветительско-воспитательных потребностей социума и граждан; б) предоставление целостной сбалансированной картины развития страны и общества, а также *сугубо украинской* интерпретации глобальной ситуации, процессов, событий; в) обеспечивать обратную связь между государством и обществом; г) быть в достаточной мере украинизированным, удовлетворяя при этом нужды этнических меньшинств; д) *по меньшей мере на 50 % заполняться конкурентоспособным (рейтинговым) национальным аудиовизуальным продуктом, обеспечивать определенный уровень его присутствия на внешних рынках.*

На структурно-организационному уровне для эффективного выполнения обозначенных функций отечественному телерадиовещанию должны быть присущи в первую очередь такие черты: а) наличие високорейтингового сектора общенационального Общественного телерадиовещания[3] со стопроцентным техническим покрытием; б) развитая индустрия производства собственного национального аудиовизуального продукта (прежде всего – телевизионного кино); в) отрегулированный со-

---

2 По результатам опроса Киевского международного института социологии, на сегодня рейтинг использования источников информации среди граждан Украины выглядит так: украинское ТВ (90 % респондентов), украинская пресса (59 %), украинское радио (50 %), российское ТВ (30 %). (*См.: Кракович Д.* Проигрывает ли Украина в информационной войне на своей территории? // http://dialogs.org.ua/project_ua_full.php?m_id=9802). В 2006 г. 45 % украинских граждан смотрели телепередачи более 2,5 часов в сутки. Это третье место в Европе после Греции и Великобритании. Интересно, что новостям и политическим программам украинцы уделяют более всего времени среди европейцев. (См: *Головаха Є., Горбачик А., Паніна Н.* Україна та Європа: результати міжнародного порівняльного соціологічного дослідження. – К.: Інститут соціології НАН України, 2006. – С. 157–158.)

3 *Негосударственная*, некоммерческая, неприбыльная телерадиоорганизация с особым статусом, которая, как правило, содержится преимущественно за счет абонентской платы своих потребителей. Общественное вещание доказало свою высокую социально-регулятивную эффективность в странах Западной Европы как мощный инструмент саморефлексии общества, своеобразный виртуальный форум, всеобщая коммуникативно-информационная площадка.

гласно национальным интересам и достаточно контролируемый государством коммерческий сектор телерадиовещания.

Ниже будет проанализировано реальное состояние современной украинской системы аудиовизуальных СМИ и перспективы ее развития в будущем.

[…]

Тенденции и особенности развития

На структурном уровне система аудиовизуальных СМИ современной Украины вообще характеризуется такими особенностями: а) доминирование в медиа-пространстве коммерческих телерадиоорганизаций (самый большой процент аудитории, территориального покрытия и объема речи); б) *преимущество в сетках вещания неукраинского аудиовизуального продукта*; в) *широкое присутствие на рынке телевидения иностранного капитала и собственности*; г) отсутствие сектора Общественного телерадиовещания; ґ) государственное телерадиовещание с традиционно незначительной аудиторией, большое количество малоэффективных коммунальных сетей.

Специализация телеканалов. Все большая конкуренция в отрасли заставляет некоторых участников рынка искать нишевые аудитории. В результате этого такие специализированные каналы, как М1 (музыка), «Мегаспорт» (спорт), ТЕТ (развлечения), «5 канал» (новости), возросли в рейтингах и увеличили свое географическое покрытие. Вообще эту типичную для телерадиовещания стран Центрально-Восточной Европы тенденцию можно считать положительной.

Локализация, то есть постепенное замещение в сетках вещания каналов американской продукции продукцией российского, отечественного или общего украино-российского производства. Вместе с тем, на протяжении последних двух лет, по выводам медиа-консалтинговой компании «Media Resources Management», наблюдается еще одна важная тенденция: дифференцируются интересы и вкусы телеаудиторий России и Украины, - однако это не является поводом к отказу от попыток расширения российского коммерческого и политического медиа-влияния. *В целом, однако, надо говорить о замещении американского контента российским, а не украинским.*

Наращивание объемов телевизионного кинопроизводства

[...]

Можно довольно уверенно говорить, что положительные тенденции – стойкий приток капиталовложений в индустрию, быстрое формирование на территории государства соответствующей рыночной инфраструктуры, рост количества специалистов, предприятий, введение в действие новых съемочных площадей и оборудования – сохранятся на протяжении ближайших пяти-семи лет.

Вместе с тем здесь существует весомая гуманитарная проблема. Наиболее влиятельные телевизионные производства, которые действуют ныне в Украине, из коммерческих резонов прибегают к типичной для российского бизнеса маркетинговой стратегии: они изготовляют (или закупают в РФ) продукт разных форматов и качества, но рассчитанный в основном на российского и русскоязычного потребителя. Затем, подавляющее большинство телевизионной кинопродукции, которая производится в Украине и размещается на отечественном телевидении, *не является украинской – не только по языковому признаку, но и с точки зрения художественного содержания и отражения повседневной реальности. Она объективно выступает фактором консервации и укрепление ареала российское языково-культурного влияния, тормозит процессы формирования консолидированного украинского общества, современной украинской идентичности.*

В этой ситуации государство должно найти пути налаживания на базе отечественных мощностей массового производства и демонстрации национального – с художественной и содержательной точки зрения – телевизионного кинопродукта.

Наиболее актуальные проблемы

Внедрение системы общенационального Общественного теле-радиовещания (ОВ). Здесь Украина отстает от большинства своих непосредственных соседей и постсоветских стран: проблема *до сих пор не решается в плоскости практической политики, находясь в фазе «ситуативного осмысления» или же выпадая из общественного внимания и политического интереса.*

Одной из очевидных причин этого является то, что Украина (в отличие от большинства стран ЕС, где аудиовизуальные медиа возникли и развились именно в этих формах) никогда не знала Общественного вещания. Национальное телевидение родилось во времена СССР как монопольная *государственная* система, не приспособленная к обратной связи с обществом и ориентированная на одностороннее «вещание» государства на население. Сегодня существуют соответствующие нормативно-правовые акты, которые регулируют порядок образования и деятельности системы ОВ в нашем государстве. Концептуально они отвечают Директивам и Рекомендациям ЕС и ПАРЕ, поскольку разрабатывались, исходя именно из этих документов и по опыту развитых стран, а не из реальных украинских условий.

Европейская же практика свидетельствует, что внедрение ОВ – это, во-первых, длинный, а во-вторых, уникальный для каждой страны процесс, который очень сложно резюмировать в унифицированных общеприемлемых рекомендациях. Поэтому Украине придется искать как собственный путь его внедрения, так и собственные украинские формы его существования и функционирования.

[…]

Увеличение глобального информационного присутствия Украины. На сегодня официальное присутствие Украины в мировом телерадиопространстве обеспечивает ГТРК «Всемирная служба "Украинское телевидение и радиовещание"» (УТР). Международное сотрудничество в информационной сфере осуществляется на основании ряда договоров. Вообще Госкомтелерадио координирует и контролирует ход реализации межправительственных и межведомственных соглашений в информационной сфере со свыше 30 странами мира – в Европе, СНГ, Африке, Азиатско-Тихоокеанском регионе и на Ближнем Востоке. Совместно с Государственным предприятием «Укркосмос» УТР вещает на 84 страны мира, а с 2005 года осуществляет полноценное интернет-вещание в реальном времени. С июля 2007 года объем вещания доведен до 24 часов в сутки с титрованием программ на английском языке. Аудитория УТР за пределами Украины насчитывает свыше

23 млн зрителей, в том числе в кабельных сетях – 7,5 млн абонентов[4]. Однако качество и «обновляемость» контента УТР оставляют желать много лучшего и очевидно не разрешают основного круга проблем «присутствия» в мировом эфире украинской оценки ситуации внутри страны и в мире.

С развитием национальной системы глобального вещания тесно связан вопрос *налаживания эффективного «управления новостями»* (менеджмент новостей, спин-докторство) *об Украине со стороны государства.* Общепринятой практикой в мире является создание специальных служб и / или механизмов, которые специально ведают распространением открытых сообщений о стране. Это рассматривается как разумный баланс между демократическими принципами права на информацию и свободу слова и осуществляемым в интересах общества и граждан контролем за ней.

В Украине эта проблема остается открытой, что подтверждается экспертными оценками. Так, на международном мероприятии «Коммуникации: управление изменениями и имидж Украины», состоявшемся в ноябре 2007 года под эгидой Международной ассоциации по связям с общественностью (IPRA) и при содействии Украинской Pr-Лиги, особенно подчеркивалось, что *об Украине в мире до сих пор знают недостаточно, и далеко не всегда эта информация является корректной.* Подчеркивалось также то, что большинство сообщений об Украине идет к международному сообществу, как и раньше, из Российской Федерации, где сосредоточено самое большое на постсоветском пространстве количество представительств руководящих мировых медиа. Естественно, что при таких обстоятельствах РФ имеет значительные возможности для создания выгодного ей международного имиджа Украины.

[...]

Прогнозы и рекомендации

Приблизительно с 2000 года национальная система аудиовизуальных СМИ в Украине находится в фазе интенсивного наращивания своих мощностей и сегодня можно дать вполне оптимистичный прогноз отно-

---

4   Державна телерадіокомпанія «Всесвітня служба „Українське телебачення і радіомовлення"» // http://www.utr.ukrintell.com.ua/chan/.

сительно динамики ее *количественного* роста на ближайшие 5-10 лет. Быстро будет расширяться объем рынка, а следовательно – будет наращиваться материально-техническая база, соответствующая инфраструктура, будет увеличиваться количество и профессиональный уровень отечественных журналистов, менеджеров, творческих кадров, будут развиваться сопредельные культурные индустрии (например, телевизионное кинопроизводство, шоу-бизнес, мода).

Вместе с тем, развитие отечественных аудиовизуальных медиа отягощен рядом весомых *структурно-организационных проблем*, а именно:

• наличием относительно мощного конгломерата коммерческих ТРО, которые контролируются частными лицами и / или несколькими медиахолдингами из-за фактического отсутствия сектора общественного телерадиовещания;

• все более выразительными тенденциями к монополизации рынка при непрозрачности отношений собственности на ключевые СМИ и недостаточно эффективном законодательном регулировании этой сферы;

• преимуществом в телерадиоэфире и многоканальных сетях неукраинского аудиовизуального продукта (в основном российского и американского), дефицитом отечественного;

• низким уровнем присутствия Украины в глобальном и, в частности, европейском телерадиопространстве, высокой информационной зависимостью от иностранных государств и медиа-структур.

Учитывая изложенное выше, обрисовываются *три базовых сценария* дальнейшего развития системы аудиовизуальных СМИ в Украине:

Пессимистический (вероятный): *«поглощение»*, оно же *«растворение»*. Реализация такого сценария возможна при условии консервации основных текущих тенденций развития. Государственное регулирование развития телерадиовещания и в дальнейшем остается фрагментарным, ситуативным, коррупционно-непрозрачным, что позволяет участникам рынка легко входить в соглашение с «нужными» чиновниками та ведомствами. «Контрольный пакет» ресурсов и активов отрасли, как и раньше, находится в руках ограниченного количества игроков, информация о которых является закрытой. В начале нового десятилетия окончательно завершится раздел рынка между несколькими монополистами, деятельность которых большей частью обусловлена сугубо коммерческо-корпоративными мотивами и / или интересами других государств. В дальнейшем динамика и векторы развития телерадиовещания де-факто определяются именно ими. (Пример – завоевание немецкими корпорациями медиа-рынков ряды стран Центральной Европы на протяжении 90-х годов ХХ столетия. Но для украинской медиасферы последствия будут значимо иными.)

Мировой опыт свидетельствует, что такая модель развития является очевидно непроизводительной и опасной. Телерадиовещание здесь неизбежно оказывается под полнейшим контролем не государства, и не общества, а (условно) внешних «третьих лиц», которые не только получают «львиную долю» прибылей области, но и – в наихудшем случае – имеют возможность программировать поведение политической элиты страны, ее населения, навязывать им свою волю.

Сегодня очень проблематично предусмотреть, какой будет архитектура глобального баланса сил в 2020 году и, соответственно, кто будет контролировать медиапространство Украины в случае реализации сценария «поглощение». Но в этом случае самым важным является не это, а очевидная потеря информационного суверенитета как таковая.

Реалистический (вероятный): *«относительный паритет».* Реализация этого сценария предусматривает выход национальной системы телерадиовещания на параметры, о которых мы говорили в начале этого раздела.

Для этого необходимый ряд предпосылок, и в первую очередь такие: 1) наличие четкого и эффективного плана действий, зафиксированного по меньшей мере в трех нормативно-правовых актах – Доктрине информационной безопасности Украины, Стратегии развития национальной медиа-среды и СМИ с разветвленным, детализированным и адекватным украинским условиям и возможностям комплексе программ соответствующего направления; 2) консолидированная позиция всех ветвей власти, профильных министерств и ведомств, скоординированность их деятельности, персональная (а не практикующаяся в Украине коллегиальная или даже межведомственная) ответственность за направления работы, реализацию проектов и т.п.; 3) развитие «обратной связи» между

СМИ и обществом, наличие эффективного общественного контроля деятельности СМИ, профильных государственных учреждений; 4) организация многоканального финансирования модернизации и реструктуризации области, приоритетное финансирование ряда направлений из Государственного бюджета (прежде всего – внедрение и развитие Общественного телерадиовещания, производство национального – с точки зрения художественного содержания – аудиовизуального продукта, подготовка и трудоустройство кадров); 5) жесткое государственное регулирование развития коммерческого телерадиовещания, системное привлечение коммерческих ТРО к выполнению актуальных задач развития отрасли (механизмы – законодательные ограничения, квоты, льготы, государственные заказы); 6) значительное увеличение глобального (или, по меньшей мере, региональной) информационного присутствия Украины, выход ее телерадиопродукции на внешние рынки.

Оптимистичный (наименее вероятный): «*информационная самостоятельность*», или «*информационная экспансия*» – поскольку первое, учитывая постоянные тенденции глобального развития и специфику международного положения Украины, не возможно без второго. Основное условие воплощения этого сценария – кардинальное изменение сальдо информационного обмена с негативного (потребительского, пассивного) на положительное (производящее, экспансионистское). Украинский аудиовизуальный продукт доминирует внутри страны, содействует консолидации общества, патриотичности и гармоническому интеллектуально-духовному развития граждан. С другой стороны, он имеет высокие рейтинги и популярность в мире, существует стойка «мода на украинское», украинская позиция по вопросам международного развития является влиятельной.

Однако учитывая то, что информационная политика такого масштаба требует (и будет требовать в ближайшем будущем) огромных ресурсов, которыми владеют всего приблизительно 5-7 стран мира, реализация этого сценария – маловероятна.

4. ПРОБЛЕМА ИНФОРМАЦИОННОЙ БЕЗОПАСНОСТИ

Лидия Смола, Сергей Чолий

[...]

В СМИ довольно частыми стали сообщения о нападениях на компьютерные сети правительственных, бизнес или общественных структур разных стран, которые в свою очередь обусловили необходимость активизации противодействия хакерству и кибератакам. К примеру, глава Минобороны США Р.Гейтс в 2009 г. подписал приказ о создании в вооруженных силах США киберкомандования. Он заметил, что новое командование предназначено для защиты компьютерных сетей и борьбы с хакерами. По словам министра в последнее время участились нападения на компьютерные сети, а также попытки компьютерного шпионажа со стороны Китая, РФ и других стран. В 2005-7 гг. под постоянные атаки попадали Министерство внутренней безопасности и другие департаменты. Крупномасштабное нападение было осуществлено в 2005 году на Госдепартамент США. [...] ФБР также объявило о создании оперативной группы для выявления, направленных против США кибератак и противодействовать им.

По мнению российских экспертов в сфере информационной безопасности, американские специалисты осуществляют правильные действия, однако гарантированной защиты от хакерских атак, благодаря спецслужбам, они не получат. Руководитель лаборатории медиа культуры, коммуникации и конвергенции И.Засурский подчеркивает, что под кибератаки подпадают не только США, а и другие страны. И часто эти атаки связывают с действиями вражеских разведок. Анализируя эти действия, эксперты придут к выводу, что чаще всего действия осуществляются из территории бывшего СССР, Восточной Европы и Китая.

Отдельным направлением в этой области стало применение информационных операций. В частности, информационные операции на пространстве СНГ достигли масштабов *полномасштабной информаци-*

онной войны со стратегической целью переформатирования всего пространства постсоветских стран.

Украина на этом поле информационных битв объективно получает статус одного из главных объектов геополитических и геоэкономических соревнований. Следует отметить, что в ситуации объекта мощного информационно-психологического влияния со стороны, прежде всего России та США, оказалась не только Украина, а фактически все страны СНГ. Именно об этом свидетельствует значительная давление, прежде всего, на руководство Украины и Грузии, которые олицетворяют в понимании высшего руководства РФ представителей наиболее ориентированных на евроатлантическую интеграцию политических и экономических элит постсоветских стран. Не избежали информационно-пропагандистских операций в объединении с мерами политического та экономического давления даже «натовские» страны Прибалтики. Указанное свидетельствует о хорошо спланированном и системном характере борьбы на пространстве бывших советских республик «за восстановление особой зоны влияния» России, в которой, кроме традиционно политического, экономического, а все чаще и прямо силового, применяются новейшие методы информационных войн. На украинском, как и на грузинском направлении, информационные операции проводятся системно, ощущается наличие заранее подготовленного плана операций, которые имеют методическую (теоретическую) и практическую составнляющие. Методическую основу представляют «богатые наработки» еще из времен НКВД-КГБ, а сейчас и ФСБ (особую опасность представляют использование провокаторских по функциональному назначению этнических и псевдопатриотических структур и «деятелей»), которые часто легализируются через разного рода «институты».

Активно применяются и «сетевые технологии» - от разного рода негосударственных и общественных организаций (от «байкеров», «казаков» до «ветеранов войны», «одноклассников» и клубов по интересам) до возможностей официальных профсоюзов и Российской Православной Церкви. В практическом смысле, можно наложить матрицу информационных операций, которые направлены против Грузии в прошлом и настоящем на существующий и прогнозуемый характер информационных мер России, которые осуществляется против Украины. В частности, по классическому сценарию, на первом этапе происходит формирование крайне негативного общественного мнения собственного российского населения против страны-объекта. При этом информационное пространство, которое контролируется, насыщается сообщениями негативного характера – от общего «национального характера», политической, экономическую и социальную ситуаций до бытового уровня индивидуального поведения граждан указанных стран (например – «кавказские мошенники», «украинские преступники» и т.п.). В дальнейшем результаты прогнозируемого влияния закрепляются разного рода «социологическими исследованиями» и постоянным зомбированием СМИ и распространяется на территорию стран-объектов давления и международную целевую аудиторию.

Характер информационно-психологического давления возрастает согласно масштабу мер политического, экономического или непосредственно силового давления на объект влияния. Самая большая активность информационной войны совпадает по времени с заявлениями высших должностных лиц, военными операциями, масштабными мерами спецслужб, экономической блокадой и т.п. Представляют интерес и источники и каналы «введения информации» специального назначения. Их значимость зависит от уровня давления и продолжительности информационной операции. Так, на первых этапах современной информационной войны России против Украины источники характеризовались откровенной маргинальностью - от разного рода неизвестных экспертов до «украиноведов» К.Затулина, Г.Лужкова и В.Жириновского. Каналы введения информации – преимущественно «желтая» пресса. С ростом напряженности происходит обретение официозности источников. Рекомендации и интервью высказывают официальные лица среднего звена.

На завершающем этапе, после которого логически целесообразно осуществлять меры прямого (политического или силового) влияния, крайне агрессивные требования, которые более напоминают ультиматум, уже высказывают представители высшего руководства РФ – президент, премьер-министр и министр обороны, которые распространяются всеми имеющимися общественными и официальными каналами информации.

Возможность дальнейшего пребывания в «серой» зоне региональной безопасности в Центральной и Восточной Европе при условиях послабления силовых структур Украины, может провоцировать к применению Россией решительных шагов стратегического характера по восстановлению собственной исключительной зоны влияния на территории (полностью или частично) Украины. Потеря контролированности собственного информационного пространства, в т.ч. ресурсов Интернет, является одной из главнейших проблем во время обеспечения национальной безопасности Украины.

[...]

Обобщая опыт осуществления информационно-психологического влияния, можно отличить следующие направления, в которых он действует, и следствия, которые вызывает:

- подрыв социального положения авторитетов и их репутации в обществе;
- пересмотр и нивелирование ценностных ориентаций и традиций социума;
- распространение дискуссий, противоречий и несогласий в обществе;
- углубление недоразумений и неприязни между разными группами общества (возрастными, социальными, национальными и т.п.);
- препятствование деятельности правительств и государственных учреждений путем их дискредитации.

В качестве итога необходимо подчеркнуть, что информационно-психологическое влияние играет существенную роль в современных реалиях общественного взаимодействия, и его возможности в будущем будут только возрастать.

[...]

5. УГРОЗЫ ЭТНИЧЕСКИХ КОНФЛИКТОВ

Виктор Котигоренко

Современная Украина является государством со сравнительно низким уровнем этноконфликтности, где отсутствуют антагонистические противоречия в межэтнических отношениях, преобладает компромиссная готовность граждан, абсолютное большинство которых признает общественное согласие ценностью высшей за возможные выгоды от «победы» в противостоянии по поводу тех или других этнических интересов. В течение всего периода после обретения государственной независимости в стране не произошло никакого крупномасштабного конфликта на этнической почве. Однако, как свидетельствуют результаты проведенного Институтом социологии НАНУ исследование, 49 % респондентов признали: им не хватает уверенности, что в стране не будут возникать межнациональные конфликты. Еще 32,7 % заметили, что им тяжело ответить, хватает такой уверенности или нет. Приведенные показатели репрезентуют довольно высокое беспокойство в обществе угрозами конфликтной дестабилизации этнонациональных отношений. Эта тревога не нова – она уже продолжительное время не оставляет граждан. По крайней мере, с 1995 года, когда соответствующий вопрос был впервые включен в анкеты[1].

Выяснение факторов, которые могут привести к этническим конфликтам, в частности для определения путей избежания этноконфликтной перспективы или, хотя бы, минимизации ее деструктивных следствий, если конфликта не удалось избежать, является актуальной задачей политической науки и политической практики. Конечно, если придерживаться той позиции, что *конфликт является общественной угрозой*. Хотя такая позиция и не является общепринятой. Многие ученые считают *конфликт нормой, неминуемой*

---

1   *Українське* суспільство. 1992–2006 рр. Соціологічний моніторинг / Національна академія наук України. Інститут соціології. – К., 2006. – С. 496.

реальностью и положительным явлением, которое содействует прогрессивному обновлению общества[2] .

В этой работе термин «этнический конфликт» используется для определения *особого вида общественного конфликта, который возникает и существует как кризис этнического противоречия или противоречий в одной или больше сферах общества, которое проявляется в виде острого противостояния и соперничества сторон, из которых по меньшей мере одна представляет определенные этнические интересы относительно предмета конфликта.* Методологической основой такого понимания является разведение понятий «противоречие» *(англ. – contradiction)* и «конфликт» *(англ. – conflict).* Первое из них определяет объективно и субъективно обусловленное несовпадение интересов общественных субъектов (в случае этнического противоречия речь идет о несовпадении именно этнических интересов и нужд). Второе – указывает на разновидность, форму, образ поведения общественных субъектов с целью реализации интереса (этнического интереса, если речь идет об этническом конфликте).

[...]

Украина – государство с полиэтническим составом населения. Это совсем не означает неизбежности этнических конфликтов на ее территории. Нет никаких оснований считать доказанным (впрочем, как и беспрекословно опровергнутым) так называемый «железный закон этничности» с его формулой: «Где есть этнические отличия, там неизбежно случится этнический конфликт». Ведь полиэтничность создает для общества и граждан благоприятные возможности развития на основе взаимообогащения этническими культурными, интеллектуальными, генетическими и другими ресурсами. Вместе с тем полиэтничность усложняет общественное отношение, поскольку этническая динамика и межэтническое взаимодействие происходят через противоречие между субъектами этих отношений по поводу реализации их этноспецифических и общих

---

2   Основні концепції суспільного, в тому числі етнічного, конфлікту і позиція автора детально описані у кн.: *Котигоренко В.* Етнічні протиріччя і конфлікти в сучасній Україні: політологічний концепт. – К.: Світогляд, 2004. – С. 41–117, 239–275.

нужд и интересов. Последние формируются и оказываются практически во всех сферах общественной жизни. В Украине они плотно связаны со спецификой политических, этнодемографических, этноязыковых, этносоциальных и миграционных процессов прошлого и современности, особенностями отечественной экономики и политики, культуры и общественного сознания и психологии, исторической памяти населения, геополитических и геоцифилизационных вызовов современности и отличий в соответствующих ориентациях населения разных регионов государства и т.п.

[…]

Потенциальные этноконфликтные факторы

Среди потенциально этноконфликтных факторов общественных отношений в Украине в следующие 10–15 лет можно выделить несколько наиболее влиятельных:

1. Политизация этничности

[…]

Наиболее заметными проявлениями политизации этничности в Украине стали:

- образование Автономной Республики Крым (АРК), которая юридически является административно-территориальным образованием с расширенными полномочиями в составе Украинского государства, а фактически, учитывая доминирование этнорусских идентитетов во всех сферах жизнедеятельности региона, является *русской автономией*;

- образование и деятельность в Крыму российских организаций, которые декларируют намерения выхода автономии из состава Украинского государства и его присоединение к Российской Федерации;

- требования крымских татар трансформировать АРК в *крымскотатарскую автономию*;

- попытки крымских татар и других автохтонных национальных групп (национальных меньшинств) Украины получить *официальный статус «коренных народов»* с соответствующими преференциями ;

- формирование так называемого *«политического русинства»* в его осовремененной версии . Сущностное содержание этой версии представляют старание идеологически отделить коренное население края с его региональным русинским самосознанием от остальной этноукраинской массы, а затем добиться административно-политического или и государственно-политического самоопределения русинов как отдельного народа, нации. Русинская идентичность рассматривается «политическими русинами» как легитимация их исключительного права на управление регионом, распоряжение его естественными и другими социально-экономическими ресурсами и человеческим потенциалом. Заметная часть «политических русинов» ориентирована на Россию и находит там поддержку;

- инициатива венгров Закарпатья относительно образования на территории области *венгерского автономного национально-территориального округа*;

- требования ряда культурных и других образовательных по национальным признакам организаций относительно внесения в избирательное законодательство изменений, которые бы обеспечивали соответствующим этническим группам гарантированное представительство в структурах центральной и местной власти.

2. *Современные особенности социально-психологического, эмоционального состояния представителей национальных (этнических) групп населения*

Некоторые из этих особенностей сформировались вследствие разрушения СССР и суверенизации Украины. Тогда ушла в небытие советско-коммунистическая система социальной и этнонациональной стратификации, состоялась трансформация реальных статусов этнических сообществ. Эта трансформация касалась прежде всего украинцев, которые из «формально титульной нации» УССР, а де-факто – национального меньшинства Советского Союза, после распада последнего стали «реально титульной»: этническим большинством суверенного Украинского государства. Одновременно с изменением статуса украинского этноса этнические русские Украины, которые в советское время, в сущности, представляли в республике доминирующую на территориях союзного государства российскую нацию, стали этническим меньшинством. Но меньшинством довольно многочисленным и влиятельным. Его язык и культура сохраняют первенство во многих сферах и регионах, вопреки формальному лишению бывших преимуществ. Именно поэтому большая часть общественно активных русских категорически возражают против правового статуса своей группы как национального меньшинства.

[...]

Среди крымских татар актуализировалась идентичность автохтонного народа Крыма с одновременной виктимизацией сознания. Обе эти социально-психологические особенности оказывают заметное влияние на политическое поведение репатриантов, включая характер отношений с государственными структурами и гражданами других национальностей. Вместе с тем внутри этнорусского большинства населения АРК нарастает негативное отношение к процессу возвращения прежде депортированных, их общественного поведения и деятельности образованных ими организаций .

Общая социально-психологическая динамика в современном украинском обществе является волнообразной и не всегда благоприятной для межэтнического согласия. Это удостоверяют результаты проведенного исследователями Института социологии НАН Украины мониторинга национальной дистанційованості население Украины.

[...]

3. *Региональные отличия в этнополитической самоидентификации граждан*

Не в последнюю очередь вследствие особенностей хода избирательных кампаний 2004–2006 гг. в политическом дискурсе и массовом сознании актуализировалась тема «двух Украин» – с разным языком, культурой, религией, политическими ценностями и геополитическими ориентациями. Произошло это во время президентской кампании 2004 года, когда избирательные штабы кандидатов через подконтрольные СМИ (российские, центральные украинские, а еще больше – региональные) навязывали людям образ В. Ющенко как русофоба, радикал-националиста и американского лоббиста. Его основного конкурента В. Януковича позиционировали как защитника интересов россиян и российского языка и культуры, «избранника» власти России. «Сработал» еще и фактор так называемой «советской» идентичности. Присущий значительной части граждан старшего поколения, он проявляется, в частности, в «имперской ностальгии» и соответствующей пророссийской ориентации.

Региональное распределение электоральных симпатий по оси Восток–Запад закрепилось в период избирательных кампаний 2005–2006 гг. на местах, а также во время досрочных 2007 г. выборов в Верховную Раду Украины. Украина: унитарное или федеративное государство, один или два государственных языка, НАТО или Россия и «дешевый» газ, Европейский Союз или СНГ и Единое экономическое пространство? – эти вопросы Pr-технологи, идеологи и лидеры политических партий и блоков актуализировали ради мобилизации своих избирателей. Ответы и результаты голосования последних за разные политические силы существенно различались на Западе и Востоке, в Центре и на Юге страны. Однако региональная разделенность электоральных симпатий не стала фактором общественного противостояния. Наоборот, она усилила осознание ценности гражданского согласия. Одним из его стимулов стали события «оранжевой революции» 2004 года. Тогда на столичном Майдане киевляне и приезжие из регионов не так поддерживали кандидата от оппозиции, сколько защитили собственное достоинство и свое право свободно избирать власть и жить по демократическим принципам. Во всех регионах среди населения разных национальностей состоялся заметный рост национально-государственного самосознания.

[...]

На фоне определенной социологами и пока что не весьма устойчивой тенденции развития идентичности граждан Украины в направлении национально-государственной консолидации не теряют актуальности угрозы дезинтеграции всеукраинской общественной массы из-за сегментированности и слабой укоренности ее общих ценностных основ. [...]

Возрождаются стереотипы идентификации населения по региональным признакам – «восточники», «западники»; средства массовой информации тиражируют «ярлыки» на манер «доны», «донецкие», «закарпатские»; нарастает отчужденность населения разных регионов[3].

---

3   *Шульга М.* Симптоми фрагментації суспільства (замість післямови) // Українське суспільство 1992–2007. Динаміка соціальних змін / За ред. В. Ворони, М. Шульги. – К.: Інститут соціології НАН України, 2007. – С. 462.

3. Политизация этноконфессиональных отношений

Наиболее наглядно она проявилась в 2004 г. – в отношении архиереев и клира Украинской православной церкви Московского патриархата (УПЦ МП) к основным тогдашним претендентам на должность Президента Украины. Немного спустя в электоральных целях было создано Всеукраинское объединение «Православный выбор». Его целью основатели задекларировали отстаивание «интересов верующих Украинской православной церкви (в каноническом единстве с Московским патриархатом) на следующих парламентских и местных выборах». Во время избирательной кампании 2006 г. объединение выявило благосклонность к партии «Держава», Партии регионов, «Русскому блоку», партии «Союз» и коммунистам. Показательным свидетельством активного участия духовенства УПЦ МП в политических процессах является деятельность главы Ассоциации русинских национально-культурных организаций Закарпатья «Сойм подкарпатских русинов» протоиерея Димитрия Сидора. Украинская православная церковь Киевского патриархата (УПЦ КП), Украинская автокефальная православная церковь, Украинская греко-католическая и католическая церкви также не остались вне политики.

[...]

Усиливается привлечение в общественную и политическую жизни Украины протестантских, мусульманских, иудейских, а также новейших религиозных образований, которые не являются традиционными для отечественное духовного пространства.

Острые проблемы возникают во взаимоотношениях руководителей и верующих православной и мусульманской общин в АРК. Вопреки провозглашаемому ими желание межконфессионного мира, реальные отношения не всегда таковы. Ситуацию усложняет конфронтационное поведение управленческих структур и высоких должностных лиц автономии относительно религиозных нужд мусульман, внешнее вмешательство в религиозную жизнь отдельных представителей политикума России и пророссийских организаций в Крыму, а также со стороны некоторых арабских стран.

Так, в разгар президентских выборов 2004 г. активную информационную кампанию в АРК развернула украинская сеть запрещенной во многих странах (в том числе мусульманских) организации «Хизб ут-тахрир аль-исламе» (в переводе – «Партия исламского освобождения»). Известно, что «Хизб ут-тахрир аль-исламе» было образовано как экстерриториальная международная партия в 1953 г. с целью распространения исламской веры и исламского образа жизни путем джихада , а также создание единого теократического государства – халифата. Официальная позиция Меджлиса и Духовного управления мусульман Крыма относительно идеологии и практики «Хизб ут-тахрира» является решительно негативной –такой, которая подрывает основы крымскотатарской исламской традиции и вносит раскол в крымскотатарскую общину и крымское общество в целом.

Этноконфессиональные отношения политизируются и производят общественные противоречия еще и из-за того, что *управленческие центры почти всех ведущих конфессий Украины находятся вне ее пределов*. Их отношение к украинскому обществу и его перспективам во многом различаются и, наконец, мало совпадает с украинскими национально-государственными интересами. Так, мировой центр католической церкви – Ватикан – заинтересованный в сохранении контроля над Украинской греко-католической церковью и невозможности ее объединения с православными общинами страны. Образование в Украине единой поместной церкви противоречит геополитическим интересам Российской православной церкви и светской власти России. Трудности интеграции в украинское общественное пространство крымскотатарских репатриантов способствуют распространению в их среде влияний исламского экстремизма. Со стороны Румынии оказывается благосклонность к вхождению в ее поместную церковь православных общин Черновицкой области. Едва ли можно ожидать быстрой гармонизации противоречий между центром иудаизма в Иерусалиме и мусульманской Меккой.

4.   *Особенности динамики этнического состава населения*
     [...]
Украинцы преобладают среди населения всех регионов государства, за исключением Автономной Республики Крым и г. Севастополя, и расселены сравнительно равномерно. Компактность обитания других наиболее многочисленных этносов характеризуют такие цифры: 35,4 % русских Украины – Донецкая, Луганская области и Крым;

44,9 % белорусов – Донецкая, Днепропетровская, Луганская и Крым; 73,8 % молдаван – Одесская, Черновицкая; 73,6 % болгар – Одесская; 63,1 % поляков – Житомирская, Хмельницкая, Львовская; 96,8 % венгров – Закарпатская; 97,2 % румын – Черновицкая, Закарпатская; 63,3 % евреев – Киев, Днепропетровска, Одесская, Харьковская, Донецкая области (преимущественно в городах); 84,7 % греков – Донецкая; 61,6 % татар (без крымских татар) – Донецкая, Луганская и Крым; 29,4 % цыган – Закарпатская; 86,5 % гагаузов – Одесская область.

Согласно расчетам демографов, Украину ожидает дальнейшее общее сокращение населения, рост доли украинцев по национальности, уменьшение доли русских, увеличение количества крымских татар. Будет возрастать численность выходцев из Кавказа, а также мигрантов из стран Азии и Африки. Учитывая эту перспективу, вызывает беспокойство учащение случаев криминального поведения отдельных лиц среди «коренного» населения на грунте расовой или этнической нетерпимости. Итак, актуализируется необходимость формирования толерантного отношения со стороны украинской массы к иммигрантам, этнокультурная и расовая идентичность которых не является традиционной для страны. В скорейшей разработке и реализации нуждается системная государственная политика интеграции иммигрантов в украинское общество.

5. Неравномерность социально-экономического развития регионов
Территории проживания разнличных по этническому составу, преобладающему языку общения и общественным ориентациями украинских граждан заметно отличаются по естественным, хозяйственным возможностям, уровню экономического развития, концентрации производственных, финансовых, информационных, научно-образовательных, человеческих и других ресурсов. Так, по объему валовой добавленной стоимости, рассчитанным на одного человека, показатели между областями различаются более чем в шесть раз, по размеру средней заработной платы – более чем вдвое, по уровню бедности – в четыре раза. Если вокруг этих и других отличий будет происходить усиления политизации этничности, проводниками которой выступают некоторые представители отечественных и зарубежных политических и общественных образований и даже религиозных объединений, может возникнуть опасность

конфликтной этнонациональной дезинтеграции социума – через обострение межрегиональных противоречий. Едва ли правильным было бы пренбречь такой вероятностью – учитывая известные старания противопоставить жителей восточных областей государства, среди которых значительной является доля русских и русскоязычных украинцев, населению преимущественно украиноязычных западных областей.

6. *Несовершенство административно-территориального устройства страны.*
Нынешнее территориальное устройство Украины консервирует исторически сформированные межрегиональные экономические и социальные диспропорции, сдерживает интенсификацию хозяйственных связей регионов и их жителей, а следовательно, тормозит процесс национально-гражданской консолидации разноэтничного населения государства. Кроме того, у территориальных общин отсутствуют стимулы и возможности накапливать в местных бюджетах необходимые средства для самостоятельного удовлетворения общих и этноспецифических интересов граждан. Промедление с проведением административно-территориальной реформы и реформы межбюджетных отношений может уже в ближайшее время спровоцировать общественное напряжение и конфликтность – если не между территориальными общинами и гражданами разных национальностей, то между ними и государством.

Напряжение и конфликтность может вызвать также сохранение использованной 2006 года системы избрания депутатов Верховной Рады АРК, областных и районных советов по *спискам политических партий* и блоков политических партий, с применением так называемого «*проходного барьера*». Такая система отменяет равноправие территориальных общин в части избрания депутатов в районные и областные советы и высший представительный орган АРК. По результатам выборов оказалось, что территориальные общины многих районов и городов были вообще лишенные возможности иметь своих представителей в депутатском корпусе областного уровня. Так произошло вопреки статье 140 Конституции Украины, которая определила районные и областные советы органами местного самоуправления, которые представляют *общие интересы территориальных общин сел, поселков и городов*. Часть этих общин представлена гражданами, которые принадлежат к национальным меньшинствам страны, компактно проживают в тех или других населенных пунктах и нередко составляют большинство их жителей. Итак, есть основания считать, что действующая для местных советов избирательная система нарушает не только гражданские, а и этнонациональные права и интересы граждан.

7. *Попытки некоторых стран-соседей реализовать свои национально-государственные интересы на территории Украины вопреки ее собственным национально-государственным интересам*

Такие попытки прослеживаются, в частности, со стороны Российской Федерации (РФ). Ее отдельные политические деятели и даже государственные органы своими заявлениями и действиями уже продолжительное время провоцируют русскую общину Крыма на конфликт с Украинским государством и большинством его населения. Усиление такой активности возможно в связи с приближением времени, когда РФ должна вывести свои военно-морские формирования из Севастополя. Опасность провоцирования российской стороной этнополитических конфликтов и ирредентизма на украинских территориях выглядит целиком реальной в контексте обнародованных в марте 2008 г. руководителями РФ – Президентом В. Путиным, руководителем МИД С. Лавровым и начальником Генштаба Вооруженных сил Ю. Валуєвским – заявлений о возможных действиях России относительно Украины в случае ее вхождения в НАТО. Перспективы ближайшего вхождения Украины в НАТО остаются сомнительными, но сам подход руководства соседней страны весьма показателен.

Не совпадают с интересами этнополитической стабильности в Украине и некоторые аспекты реализации на ее территориях государственной политики РФ относительно «заграничных соотечественников». В частности, связанные с этой политикой инициативы относительно предоставления государственному языку РФ статуса официального в Украине и других странах СНГ является проявлением не только стремления расширить российское языковое и культурное пространство. За этими инициативами очевидно просматриваются старания доминировать в информационном пространстве стран-соседей и обеспечивать в нем благоприятные условия для своего гуманитарного бизнеса. [...]

Серьезный этноконфликтный потенциал содержит политизация характерных для научного и образовательного дискурсов России и Украины отличий в оценке ряда событий исторического прошлого.

Определенные угрозы этнополитической стабильности в Украине создает поведение экстремистских кругов в Румынии и Венгрии, а также реализация этими странами тех их законов и государственных программ, которые касаются лиц румынской и венгерской национальности, которые являются гражданами соседних государств[4].

8. *Политическая безответственность правящего класса Украины и беспринципная борьба внутри этого класса за власть и собственность на центральном и региональном уровнях*[5]

Этноконфликтогенный потенциал этой особенности общественных отношений проявляется в попытках отдельных политических сил и деятелей получить электоральную поддержку актуализацией и политизацией связанных с этничностью ценностных отличий, относительно которых наиболее сложно достичь согласия. Речь идет об отличиях в религиозных преимуществах, традициях и культуре граждан разной национальности, их отношении к историческим фигурам, мифам, памятникам, к версиям и интерпретациям событий прошлого (Голодомор, Украинская Повстанческая Армия и др.). Наглядным примером обострения общественного отношения вокруг ценностных вопросов стали инспирированные в электоральных целях коллизии по поводу статуса украинского и русского языков в Украине. Социологи выяснили, что эти социально опасные инспирации на самом деле нагнетают общественную напряжение искусственно. Был составлен список 30-ты самых больших проблем, которые стоят перед обществом. Чтобы изучить отношение к этим проблемам граждан, в 2006 г. провели репрезентативное всеукраинское оп-

---

4   *Котигоренко В.* Етнічні протиріччя... – С. 454–466.
5   *Термин«правящий класс»* (англ. – *ruling class*), очевидно, является более адекватным по сранению с часто употребляемым сроком «элита». Последний широко используется в животноводстве и растениеводстве (франц. *elite – лучший, отборный*). В политический дискурс он внедрен, с моей точки зрения, без основательной мотивации.

рашивание. Результаты показали, что проблема русского языка занимает 26 место, а проблема украинского – 24. Отнесли языковый вопрос к неактуальным и вообще несуществующим 52 % респондентов. При этом проявилась парадоксальная ситуация: судьбой русского языка более всего встревожены там, где ему ничего не угрожает и где в поддержке нуждается в прежде всего украинский язык (Крым, Донбасс).

В Крыму уже обычными становятся попытки некоторых лиц среди государственных чиновников, руководителей и депутатов местных советов этнизировать земельные проблемы, чтобы затенить свою бездеятельность или злоупотребления и избежать ответственности путем переведения внимания правоохранительных органов на конфликты групп и лиц разной национальности. Определенные политические силы используют такие случаи для обострения отношений между крымскотатарским и «славянским» населением, надеясь получить поддержку избирателей в борьбе за власть.

9. *Несовершенство правовых регуляторов этнонациональных отношений*

В основных своих параметрах эти регуляторы отвечают европейским стандартам. Однако действующая законодательная база до сих пор не кодифицирована, в частности в смысле системности и согласованности содержания употребляемых в правовых актах терминов, утвержденных этими актами норм и порядка применения последних. Как следствие, реальной является опасность возникновения правовых коллизий, способных трансформироваться в коллизии и конфликты общественные – между этническими и региональными сообществами, между ними и государством, между центральной и региональными влад и прочие. Известнейшую из таких коллизий вызвали недостатки Закона Украины о ратификации Европейской хартии региональных языков или языков меньшинств[6] . Эти недостатки стали поводом для принятия некоторыми местными советами неадекватных решений относительно функционирования языков в регионах их юрисдикции.

---

6   *Котигоренко В.* Мовний аспект державної етнополітики в Україні // Стратегічні пріоритети: науково-аналітичний щоквартальний збірник Національного інституту стратегічних досліджень. – К., 2007. – № 2(3). – С. 137–146.

Еще более острых правовых и политических проблем можно ожидать благодаря противоречивости толкования политиками, юристами и широкой общественностью терминов, которые включены в отечественный правовой дискурс Конституцией Украины, но не имеют официальных дефиниций (среди них – термины «украинская нации» и «коренные народы»). Нуждаются в усовершенствовании законы, которыми определяется уголовная ответственность за разжигание расовой, национальной, религиозной вражды. Так, за эти злоупотребления в масс-медийной сфере Закон о печатных средствах массовой информации (прессе) в Украине предусматривает ответственность именно средства информации. Однако газета является лишь материальным носителем определенных сведений. Сведения эти собирают, интерпретируют и излагают в текстовой форме конкретные лица. Конкретные лица также принимают решение об использовании газеты, и используют ее для распространения текстов с определенными сведениями. Они и должны были бы отвечать перед законом за содержание, качество, достоверность и массовое распространение написанного и опубликованного на газетных столбцах.

[…]

Риски и прогнозы

Суть государственной этнонациональной политики *как риска* состоит в выборе и реализации государством определенной модели поведения в этнонациональной сфере и относительно этой сферы в ситуации, когда отсутствует определенность относительно окончательных результатов такого поведения. *Речь идет о поведении как деятельности и как бездеятельности. Последняя также является проявлением риска.*

В поведенческом контексте риск возникает как выбор одной из двух альтернатив. Первая заключается в том, чтобы воспользоваться шансом на успех в достижении цели и соответственно действовать. Второй альтернативой является отказ от использования этого шанса – от «рискованных» действий – через неуверенность относительно получения желательного результата и вероятные неблагоприятные, негативные последствия.

Какую из двух альтернатив изберет государственная власть и какими будут результаты этого выбора, в наибольшей мере зависит от качества государственного этнополитического менеджмента и качественных характеристик правящего класса, его видных представителей и работников аппарата управления, их способности адекватно осознавать общественные вызовы и угрозы, отвечать на них согласно истинным национально-государственным интересам.

Итак, любые версии относительно возможных общественных изменений могут быть только условными и весьма общими. Такими являются и нижеприведенные прогнозы вероятной этноконфликтной динамики в Украине вследствие действия описанных потенциально конфликтогенных факторов в ближайшие 10–15 лет.

Оптимистичный прогноз (желательный, но во всех его компонентах едва ли осуществимый, учитывая современные политические процессы).

Все группы правящего класса Украины отказываются от технологий конфликтной политизации и политической мобилизации разных этнокультурных, этноконфесисиональных и региональных сегментов украинского общества методом актуализации ценностных проблем. Они достигают согласия относительно понимания и реализации национальных интересов как синтеза интересов суверенного государства, гражданского общества, граждан и их групп разной этнической идентичности. Затем принимается Концепция (Стратегия) государственной этнонациональной политики, крепко связанная с Концепциями (Стратегиями) структурных реформ во всех сферах жизнедеятельности населения. Начинают и эффективно реализуются реформы политической и судебной систем, государственного управления и местного самоуправления, правовых, экономических и финансовых отношений, информационной и культурно-образовательной сфер. [...]

Эффективная политика интеграции в традиционный украинский социум новейших национальных меньшинств, которые будут формироваться в стране, позволит минимизировать угрозы их геттоизации и криминализации, будет содействовать адаптации иммигрантов к новому для них среды. Эта среда будет испытывать изменения, но не будет терять самобытности. Благодаря целостности и системной многоаспектности государственной этнонациональной политики как части общей внутренней и внешней политики Украинского государства межэтническое взаимодействие в обществе будет развиваться на началах толерантности и взаимообогащения достижениями ее участников.

Пессимистический прогноз. Борьба внутри правящего класса за власть и собственность продолжается теми же способами, как и до сих пор. Реформы не происходят или не являются эффективными. Украина не способна достичь критериев членства в Европейском Союзе. Не только политическая, а и экономическая интеграция в европейское пространство на правах его равноправного субъекта делается невозможной. Большой украинский бизнес становится заложником российских «ресурсных» компаний или поглощается транснациональными корпорациями. Украина теряет перспективу быстрого инновационного обновления, в системе международного разделения труда окончательно закрепляется в статусе сырьевой периферии и территории экологически вредного производства. Углубляется региональная, этнополитическая, межэтническая, этноконфессиональная разделенность украинского социума. Обостряются социальные проблемы. Удовлетворительная реализация культурных, социальных и других нужд этнических групп делаеся невозможной.

Как следствие, возрастает напряжение и возникают конфликты между этническими группами и государством и межэтнические конфликты. Усиливается трудовая и иная эмиграция – в частности в страны с населением, этнически и культурно родственным гражданам, которые эмигрируют. Этническую эмиграцию стимулируют поощрительные мероприятия со стороны Польши, России, Румынии, Словакии, Венгрии, Чехии, стран Западной Европы. Украина становится «отстойником» для нелегальных мигрантов. Усиливаются ксенофобские настроения и соответствующее поведение, особенно в молодежной среде. Страна постепенно теряет ресурсы геополитической субъектности. Регулированная децентрализация власти и развитие местного самоуправления согласно европейским стандартам тормозятся. Как следствие, усиливается политизация этничности. Происходит это вместе с усилением коррупции на центральном и региональном уровнях.

Нарастают автономистские настроения. Их инспирируют местные группы правящего класса в собственных корпоративных интересах. Актуализируется идея федерализации страны. Эту актуализацию сопровождают проявления ирредентизма, угрозы территориальной целостности государства. Последние учащаются вследствие политики некоторых соседних государств, прежде всего России. Ее национальные интересы становятся все более имперскими. Они предусматривают включение если не всей Украины, то ее отдельных территорий в состав РФ или, по меньшей мере, усиление российского влияния на Украинское государство и ограничение его суверенитета и евроинтеграционных перспектив. Способами такого ограничения может стать привлечение Украины в некоторое квазигосударственное образование под российским патронатом или сохранение и даже расширение после 2017 года российского военного присутствия в Украине под поводом защиты соотечественников, в частности в Севастополе и Крыму. Обостряются этнополитические, этноконфессиональные и межрегиональные противоречия и конфликты вокруг вопросов геополитического выбора и соборности Украины.

Реалистический прогноз. В общественной динамике будут преобладать составляющие или оптимистичного, или пессимистического прогнозов с присутствием в каждом из них элементов другого. В контексте современных геополитических и внутренних украинских реалий какой-либо «третий» принципиально отличный вариант является маловероятным. Тенденции этнонациональных отношений будут тяготеть к пессимистической версии в случае сохранения нынешнего качества отношений внутри правящего класса и между ним и вообще гражданами. Сила тяготения к оптимистичному прогнозу будет определяться скоростью и силой осознания правящим классом того, что его главные корпоративные интересы могут быть реализованы только в соборном суверенном конкурентоспособном Украинском государстве.

[...]

6. ИСТОРИКО-КУЛЬТУРНОЕ НАСЛЕДИЕ

Елена Титова

[...]

Одним из главных приоритетов своей культурной политики Украинское государство определило еще в начале 1990-х гг сохранение культурно-исторического наследия, утвердив в Верховной Раде «Основы законодательства Украины о культуре» (1992). Эту политику продолжило Постановление Кабинета Министров 1997 г. «Концептуальные направления деятельности органов исполнительной власти относительно развития культуры», Закон Украины «О концепции государственной культурной политики на 2005–2007 гг.» (2005), другие соответствующие законы и подзаконные документы. В наиболее общем виде отношения государства к определенная проблема сформулирована в ст. 54 Конституции Украины следующим образом: «Культурное наследие охраняется законом. Государство обеспечивает сохранение исторических памятников и других объектов, которые представляют культурную ценность...».

Ныне на государственном учете в Украине находится свыше 130 тысяч памятников истории и культуры, а именно:

- памятников археологии – 57206 (из них 418 – национального значения);
- памятников истории – 51364 (соответственно – 142);
- памятников монументального искусства – 5926 (44);
- памятников архитектуры и градостроительство – 16800 (3541).

В Список всемирного культурного и естественного наследия ЮНЕСКО включено несколько украинских объектов и комплексов:

- Софийский собор и Киево-Печерская Лавра в Киеве (под одним номером, 1990);
- исторический центр Львова (1998);
- четыре объекта Геодезической дуги Струве (межгосударственный проект, 2005);
- буковые реликтовые леса Карпат (2007).

В предварительный Список всемирного наследия (составление которого является обязательным этапом) внесены объекты, которые принадлежат к разным видам недвижимого наследия, – археологические комплексы и памятники, архитектурные комплексы, центры исторических городов, объекты садово-паркового искусства, культурные ландшафты, естественные заповедные территории, а именно:

- культурный ландшафт каньона в городе Каменец-Подольский;
- исторический центр города Чернигов;
- Бахчисарайский ханский дворец;
- Уманский парк «Софиевка»;
- руины античного города Херсонес;
- археологический памятник «Каменная могила»;
- каневские днепровские склоны с могилой Тараса Шевченко;
- заповедник «Аскания-Нова»[1].

Кроме того, в Украине создано 63 историко-культурных (архитектурных, археологических) заповедники (из них 13 – национальных).

Отдельно утвержден Список исторических населенных пунктов Украины (2001), в который внесено 401 пункт. В Украине функционирует 437 государственных (муниципальных) музеев (из них 22 – национальных), в которых хранится свыше 11 млн предметов. Существуют также ведомственные, общественные музеи.

Весь этот огромный массив объектов движимого и недвижимого наследия требует законодательного урегулирования. За годы независимости принято несколько десятков законов и подзаконных документов, направленных на определение и усовершенствование правовых, организационных, материально-технических принципов сферы охраны памятников.

[...]

Большое значение в процессах интеграции Украины в общемировой культурный процесс имеют ратифицированные Верховной Радой международные конвенции: Конвенция об охране всемирного культурного и природного наследия (1972), Европейская конвенция об охране ар-

---

1 *Сердюк Олена.* Українські об'єкти в попередньому Списку всесвітньої спадщини // Вісник Українського комітету ICOMOS. – Т. I. – Ч. 1. – К., 2007. – С. 39.

хеологического наследия (пересмотренная) (1992), Конвенция об охране архитектурного наследия (1985) и др.

[...]

Важной составляющей сохранения культурного наследства является учет, государственная регистрация и взятие под охрану памятников истории и культуры, которые кроме других законодательных актов предусмотрены «Комплексной программой паспортизации объектов культурного наследия на 2003–2010 годы» (Постановление Кабинета Министров 2002 г.). В ней записано: «Одним из основных заданий государственной политики в сфере охраны культурного наследия является осуществление комплексных мероприятий по учету объектов культурного наследия, которые предусматривают их научное изучение, классификацию и государственную регистрацию»[2].

В связи с проблемой регистрации памятников нужно обратить внимание на тот факт, что в этом документе названо общее количество памятников – «почти 140 тыс.». Напомним, что по состоянию на 1 января 2008 года их было свыше 130 тыс., тогда как 10 лет тому считалось, что на государственном учете находится 150 тыс. памятников, – то есть наблюдаем ярко очерченную тенденцию к уменьшению количества памятников, хотя объективно их численность должна возрастать, а не сокращаться (поскольку длится процесс активного выявления, определения соответствующих критериев новых – только что выявленных – объектов культурного наследия). Однако многочисленные нарушения памятникоохранного законодательства, недостаточное финансирование этой сферы приводят к дальнейшей утрате памятников, которая выявляется во время проведения паспортизации и внесения объектов в Государственный реестр недвижимых памятников Украины. Ныне последние остаются фактически незащищенными – и те, которые занесены к соответствующим реестрам, и, тем более, те, о которых известно только научным работникам-памятниковедам (даже если статьи об этих объектах включены в Свод памятников истории и культуры Украины).

---

2   *Правова* охорона культурної спадщини. Нормативна база: Зб. документів (2-ге вид.) /Авт.-упоряд.: М. Є. Левада, М. Т. Пархоменко, О. М. Титова. – К.: Видавництво ХІК, 2006. – С. 471.

Как удостоверяет мониторинг ситуации, который постоянно осуществляет Украинское общество охраны памятников истории и культуры, *государство ежегодно теряет около 500 памятников археологии, а каждый 10-й памятник архитектуры находится в аварийном состоянии.* За последние годы утрачено свыше 140 памятников деревянной сакральной архитектуры[3] . При этом процесс внесения объектов культурного наследия в Государственный реестр недвижимых памятников происходит очень медленно, что связано с несколькими факторами: недостаточным финансированием, малым количеством квалифицированных кадров, весьма сложной схемой занесения.

Ныне в Украине достаточно реальной является угроза потери государством рычагов управления памятникооохранным делом. До сих пор остается фактически не решенной проблема межведомственного раздробления полномочий, ответственности относительно памятников между Министерством культуры и туризма (на которое законодательно возложена ответственность за культурное наследие), Министерством регионального развития и строительства (фактическая опека над памятниками архитектуры и градостроительства) и местными органами исполнительной власти и самоуправления. В связи с этим до сих пор нет четкой единой памятникоохранной вертикали. Делу не помогло и создание в 2002 г. правительственного органа управления охраной памятников в структуре Минкультуры – Государственной службы охраны культурного наследия (ныне – Государственная служба по вопросам национального культурного наследия).

[...]

Еще одной чрезвычайно актуальной проблемой в сфере сохранения памятников археологии является расширение сети незаконных (без разрешительных документов – квалификационного «Открытого листа» и Разрешения государственного органа охраны памятников) раскопок, которые осуществляют «черные» археологи с целью получения ценных

---

3   *Доповідь* академіка П. П. Толочка на IX з'їзді Українського товариства охорони пам'яток історії та культури // Збережена спадщина (Українському товариству охорони пам'яток історії та культури – 40 років): Зб. матеріалів і документів / Упоряд.: О. М. Титова, М. Т. Пархоменко, О. О. Демиденко. – К., 2007. – С. 22.

артефактов[4] . *К сожалению, в этом вопросе мы опережаем другие страны мира. «Черная» археология, которая работает по заказу частных коллекционеров, стала отдельной областью получения сверхприбылей.*

[...]

Под угрозой разрушения – с целью последующего строительства на их месте новых, инвестиционно привлекательных, зданий или вследствие процессов старения (и свертывания из-за отсутствия соответствующего финансирования реставрационно-консервационных работ) – находятся практически все памятники архитектуры, градостроительства, сама историческая среда. Исторические населенные пункты становятся ареной низкопробных эксперементов или «стихийной» застройки. Нынешние рыночные отношения в области строительства фактически не оставляют шансов на сохранение исторических центров в населенных пунктах, и в первую очередь в больших городах – Киеве, Одессе, Харькове, Днепропетровске.

На проведение реставрации и ремонта памятников в Украине государственным и местными бюджетами ежегодно предполагается лишь несколько десятков миллионов гривен, и «это при том, что, скажем, в Киеве *реставрация* Дома с химерами стоила близко 50 млн, а *воспроизведение* [утраченного] Михайловского Златоверхого собора (в ценах 2000 г.) – почти 200 млн гривен»[5] . Ныне основные силы реставраторов и подавляющее большинство средств, которые выделяются государством на памятники, сосредоточено на воспроизведении величайших объектов национального наследия. Целесообразно ли возводить такие новостройки, когда на грани исчезновения оказались *аутентичные шедевры*? К проблеме восстановления надо подходить очень взвешенно, осторожно, оставляя в стороне субъективные факторы и принимая во внимание исключительно историко-культурную целесообразность.

[...]

---

4   *Антошкіна В. К., Мурзін В. Ю.* Роль юристів та правоохоронців у збереженні культурно-історичної спадщини: Навч.-метод. посіб. — Донецьк: ТОВ «Юго-Восток, Лтд», 2007. – С. 17–18.

5   *Пархоменко Микола.* «Сім чудес світу» по-українські // Відлуння віків. – № 1(7). – 2007. – (обкладинка).

Анализ основных тенденций в памятникоохранном деле позволяет строить определенные заключения относительно его перспектив на будущее. Сокращение количества памятников истории и культуры, занесенных в Государственный реестр недвижимых памятников Украины, – то есть объектов культурного наследия, которые находятся под охраной государства, – *является негативной тенденцией, которая удостоверяет как физическое уничтожение последних, так и незаинтересованную позицию государственных органов.* Если к делу опеки над этими объектами не будут привлекаться различные негосударственные фонды, другие поступления, то государство и органы местного самоуправления не смогут удовлетворить финансовые нужды памятников, заповедников, музеев. Это касается и проблем приватизации памятников, в частности необходимости разработки четких условий этого процесса и отрабатывания гибкой системы контроля за сохранением приватизированных объектов.

[...]

Если срочно будут приняты взвешенные решения и употреблены соответствующие активные и решительные меры, национальное культурное и историческое наследство до 2020 года останется не только сохраненным, но и займет одно из заметных мест в украинском обществе – то, которое занимает национальное наследие во всех развитых странах мира. Однако тенденции к этому мы пока не наблюдаем.

7. УКРАИНСКАЯ ПОЛИТИКА: НАЗАД В БУДУЩЕЕ

Евгений Магда

Борьба Украины за независимость была наполнена трагическими и драматичными страницами, однако далеко не всегда проблемы нашей страны обусловливались лишь внешними факторами. XX век в этом плане стал наиболее показательным: сначала незрелость отечественной политической элиты привела к скорой потере независимости Украинской Народной Республики в результате гражданской войны и агрессии Советской России в 1917-1920 гг. В годы второй мировой войны попытка провозгласить независимость на Западной Украине оказалась раздавленной жерновами гитлеровской и сталинской империй. Будет ли успешной попытка уже 1991 года? Как показывает опыт новейшей украинской политики, успех опять будет зависеть от меры политической культуры и ответственности политической элиты.

Отечественная политическая элита после провозглашения независимости в августе 1991 года не без проблем детскую болезнь становления и превратилась в самодостаточную, хотя и не совсем зрелую часть общества.

1991-2001

Для политической жизни Украины периода ее независимого развития, начавшегося в 90-х годах XX века, характерны следующие признаки:

- наличие огромной пропасти между интересами представителей политической элиты и миллионов их сограждан;
- отсутствие общего для различных элитных групп консолидирующего элемента национальных интересов;
- несовершенная политическая структура общества, наличие большого количества политических партий, не отражающих в большинстве своем реальных интересов граждан страны, подмена необхо-

димости защиты государственных интересов заботой о потребностях властной элиты;

- заметный кризис классических политических идеологий и растущее разочарование избирателей в способности политиков защищать их интересы;

- присущий большинству политиков принцип приоритета политической целесообразности над законностью;

- подмена общественно значимой политической деятельности защитой корпоративных и имущественных интересов ведущих финансово-промышленных групп страны;

- отсутствие национальной идеи, способной консолидировать подавляющее большинство граждан Украины.

Отсутствие для Украины необходимости в 1991 году прилагать значительные усилия для получения суверенитета, казалось, было компенсацией за предыдущие трудности борьбы за независимость. Возможно, именно поэтому первая декада развития Украины в качестве независимого государства характеризуется следующими особенностями:

- показательно, что *Украина не спешила с осуществлением важных для оформления атрибутов государственности шагов:* принятие Конституции состоялось лишь в 1996 году, внедрение национальной денежной единицы – гривны – в том же 1996-м, а делимитация и демаркация государственной границы продолжаются до сих пор;

- с другой стороны – *именно в Украине в 1994 году состоялся первый в СНГ процесс мирной передачи власти от одного избранного главы государства к другому* – на досрочных выборах Президента Украины в июле 1994 года Леонид Кравчук уступил место Леониду Кучме;

- *в процессе формирования национальной элиты ее составляющими стали как представители прежней коммунистической номенклатуры, так и выходцы из национал-демократической среды и представители промышленной элиты,* стоявшей на позициях построения национального государства;

- *процесс партийного строительства в Украине был вялым, преимущественно формальным;* политические партии часто представляли собой обломки политической системы, сформировавшейся в последние годы существования СССР, – Коммунистическая партия Украины идеологически и психологически так и не перестала быть частью КПСС, Народный Рух Украины образовался в конце 80-х годов XX века как инструмент реализации планов национал-демократической элиты по построению независимого государства; большинство политических проектов не выделялись идеологической самобытностью;

- *образование новых политических партий*, хоть и проходило достаточно интенсивно, *не стало определяющим для общественно-политической жизни государства*, – они так и не превратились в инструмент защиты политических интересов социально активных сегментов общества;

- соответственно, *и процесс формирования избирательной системы, как и структуризация Верховной Рады Украины, увеличение ее роли в жизни страны имели непоследовательный, временами хаотический, характер*;

- *государственное руководство Украины не рискнуло осуществить радикальные экономические преобразования*: шоковую терапию путем либерализации цен в экономике, процедуру быстрого разгосударствления предприятий, продажу земель сельскохозяйственного назначения, переход на рыночные цены на энергоносители для предприятий металлургической и химической промышленности;

- *удельный вес малых и средних предприятий в структуре украинской экономики был низким, предпринимательская инициатива имела ограниченные возможности для реализации, процесс формирования и становления среднего класса был осложнен по объективным и субъективным причинам*;

- вопреки существованию серьезной угрозы отделения Крыма *руководству Украины удалось укротить сепаратистские настроения на полуострове*, ликвидировав тем самым первоначальную угрозу дезинтеграции страны, и направить процесс поисков крымской элитой путей самореализации в русло создания Автономной Республики Крым;

- *Украина оказалась практически единственной страной в СНГ, не переживавшей масштабные вооруженные конфликты на собственной территории;*

- *масштабная коррупция, обнищание миллионов граждан страны, неэффективная социальная политика стали определяющими характеристиками внутренней политики государства* в последнем десятилетии XX века;

- *в отношениях с Российской Федерацией Украина пыталась совместить сотрудничество в экономической сфере и стремление стать альтернативным России центром влияния на события на постсоветском пространстве;*

- *в целом во внешней политике Украины господствовала много-векторность,* продиктованная неопределенностью внешнеполитических ориентиров представителей правящей элиты и выгодным географическим расположением государства на Европейском континенте.

Определяющим для становления нашего государства стал период 1999–2001 годов. На тысячелетий Украине пришлось пережить ряд драматических событий, непосредственно повлиявших на последующее развитие ее политической жизни. Речь идет об избирательной кампании по избранию Президента Украины 1999 года, которой предшествовала гибель в марте того же года в автомобильной катастрофе лидера Народного Руха Украины Вячеслава Черновола, способного составить серьезную конкуренцию действующему Президенту Леониду Кучме. К тому же, президентская кампания была отмечена попыткой группы кандидатов в президенты выдвинуть альтернативного действующему главе государства единого претендента на президентский пост. Эта попытка, вошедшая в историю как деятельность «каневской четверки», оказалась неудачной – ресурсов и последовательности действий ее участников оказалось недостаточно для вмешательства в борьбу Леонида Кучмы и лидера КПУ Петра Симоненко за высший пост в государстве. В Украине практически повторился российский сценарий президентских выборов

1996 года, когда не слишком популярному действующему президенту противостоял одиозный лидер Коммунистической партии. В таких условиях предсказать результат президентской гонки было несложно.

2001-2004

После победы Леонида Кучмы на президентских выборах ситуация в Верховной Раде кардинально изменилась. В законодательном органе было создано пропрезидентское большинство, заменившее председателя Верховной Рады Александра Ткаченко, тяготевшего к собственной политической игре, на Ивана Плюща, ставшего модератором контактов между Президентом Кучмой и новым Премьер-министром. Правительство возглавил недавний председатель Национального банка Виктор Ющенко, опиравшийся на доверие Президента и поддержку парламентского большинства. Практически в законодательном органе в начале 2000 года была сформирована квазикоалиция, просуществовавшая год. Решающий удар по ее позициям нанес «кассетный скандал» и исчезновение оппозиционного журналиста Георгия Гонгадзе. Ситуация в стране частично потеряла управляемость, что, в конечном итоге, и привело 26 апреля 2001 года к отставке Виктора Ющенко с должности Премьер-министра Украины.

После отставки В.Ющенко в политической жизни Украины возникли новые реалии, ставшие определяющими для периода 2001–2004 годов:

- *на политической арене появилась системная оппозиционная сила*, сумевшая собрать под своими знаменами представителей национальной буржуазии, чиновников среднего звена, представителей национально-демократических сил;
- *политический режим Леонида Кучмы стал объектом целенаправленных атак* как внутриполитических противников (акция «Украина без Кучмы»), так и представителей ведущих геополитических сил мира, и был вынужден искать дополнительные возможности для усиления собственных позиций;
- *одним из последствий поиска вариантов усиления власти Леонида Кучмы стало его сближение с представителями донецкой финансово-политической группировки*, что привело к назначению ее

формального лидера Виктора Януковича Премьер-министром Украины, а впоследствии – его выдвижению в качестве кандидата в Президенты Украины;

- *в сфере внешней политики Украина начала ситуативное сближение с Россией*, оказавшись лишенной возможности для развития евроатлантического вектора из-за скандала вокруг поставок «Кольчуг» в Ирак и потери доверия к своим действиям в среде западной политической элиты;

- *течение упомянутого периода Виктор Ющенко фактически повторил путь Леонида Кучмы как кандидата в Президенты:* прежний Премьер-министр, используя высокий уровень популярности, стремился заручиться поддержкой и представителей внутриполитической элиты, и набирать рейтинговые очки в глазах ведущих политиков Запада;

- *часть политической команды Леонида Кучмы настаивала на нелегитимной пролонгации его пребывания во власти ради обеспечения защиты собственных интересов,* что привело к принятию Конституционным Судом решения о фактическом разрешении Главе государства в третий раз баллотироваться на президентских выборах, которым Кучма не воспользовался;

- *расслоение элиты и активная деятельность оппозиции привели к чрезвычайно конфликтной, напряженной, наполненной драматическими событиями президентской кампании 2004 года, закончившейся непредсказуемым сценарием –* массовыми выступлениями населения против фальсификации результатов волеизъявления и проведением третьего тура президентских выборов.

«Оранжевая революция», с одной стороны, может рассматриваться как одна из ряда «цветных» революций на территории постсоциалистических государств (если мы склонны подгонять реальность под кабинетные схемы), с другой – революционные события в Украине полностью отвечали предыдущей логике внутриполитического развития страны. Не стоит также забывать о повышенной заинтересованности руководства Российской Федерации в приходе к власти в Киеве лояльного Кремлю кандидата (в данном случае – Виктора Януковича).

2005-2009

После победы Виктора Ющенко на президентских выборах, воспринимавшейся украинской да и мировой общественностью как успех народных масс в борьбе с попыткой фальсифицировать результаты волеизъявления, страна переживала период значительного эмоционального подъема, надежд на радикальные изменения во внутренней и внешней политике.

Необходимо напомнить, что в начале декабря 2004 года Верховная Рада подавляющим большинством мандатов проголосовала за проведение политической реформы, предполагавший изменение отдельных положений Конституции. Это привело к перераспределению властных полномочий в интересах Верховной Рады и формируемого ею Кабинета Министров. Вопреки наличию годичного переходного периода, во время которого у Главы государства были широкие, еще дореформенные, полномочия, *Президент Ющенко не предпринимал усилий по торпедированию конституционных изменений. Их вступление в действие 1 января 2006 года не только разбалансировало существующую систему власти, но и спровоцировало значительную (но малоконструктивную) активность президентской команды и основных политических игроков вокруг Основного закона.*

Определяющими факторами развития ситуации в Украине в 2005–2009 годах можно назвать:

- *неспособность представителей правящей элиты* использовать волну общественного подъема в интересах государства;
- *энергичную борьбу внутри различных групп* представителей новой элиты с целью увеличения собственных полномочий;
- *крах надежд, связанных с процессом обновления государственной власти,* разочарование во вчерашних лидерах общественного доверия, масштабную общественную фрустрацию;
- *неспособность новой власти предложить качественно новый алгоритм партийного строительства и политического развития страны;*

- *стремление значительной части политической элиты к пересмотру Конституции, изменению порядка избрания и объема полномочий Президента;*
- *дискредитацию массовых выступлений населения* как способа давления на органы государственной власти;
- *неявные преследования по политическому признаку,* фактическое проведение люстрации среди государственных служащих (по разным оценкам, после победы Виктора Ющенко на президентских выборах было освобождено от 12 до 17 тыс. государственных служащих, подозреваемых в нелояльности новой власти); однако сам принцип «люстрации» имел не столько идеологический характер, сколько просто формировал административное пространство лояльности.
- *проявление авторитарных тенденций со стороны высшего государственного руководства* под прикрытием призывов к последующей демократизации общественной жизни и истреблению рудиментов «кучмизма»;
- *падение профессионального уровня власти* и эффективности государственного управления;
- *уменьшение влияния идеологических политических партий,* их дискредитацию;
- *попытки насаждения диктатуры лидеров финансово-политических групп,* выступающих в качестве лидеров политических партий и блоков, представленных в Верховной Раде через внедрение императивного мандата в украинском варианте. Он предусматривает возможность отзыва парламентария решениям съезда партии или избирательного блока;
- *потерю обратной связи* между парламентариями и депутатами разных уровней и их избирателями;
- *неоправданный и безосновательный оптимизм,* стремление за счет интенсификации, часто лишь декларативной, процесса евроатлантической интеграции решить ряд внутренних проблем страны;

- *ухудшение межгосударственных отношений с Российской Федерацией,* повлекших рост внутриполитической напряженности и уменьшение товарооборота между странами;
- *появление и распространение политического рейдерства;*
- *искусственное ограничение объемов информации о деятельности правительства, экономических показателях противостояния кризису;*
- *ослабление тенденции к политической структуризации общества.*

Возможна ли политическая консолидация украинского общества?

Очевидно, что в нынешних условиях важными факторами такой консолидации общества могут стать:

- открытый и прозрачный диалог между представителями различных политических сил;
- отказ от стремления запрограммировать дальнейшее развитие общества в соответствии с узкопартийными интересами одной политической силы;
- формирование национальной идеи, способной консолидировать широкие слои общества, мобилизовать лидеров общественного мнения для построения фундаментов эффективного Украинского государства;
- развитие институтов гражданского общества, усиление их влияния на формирование принципов внутренней и внешней политики Украины;
- экономический рост в сочетании с осуществлением эффективной социальной политики;
- завершение пенсионной реформы, переход к почасовой оплате труда, ликвидация диспропорций в оплате труда между работниками сельского хозяйства и промышленности;
- развитие среднего класса и создание предпосылок для реализации политической программы национальной буржуазии.

В то же время необходимо отметить существование в Украине значительного количества *факторов дестабилизации ситуации*, среди которых:

- частое противостояние между Президентом Украины и Кабинетом Министров, программируемое возникновением парламентской коалиции, оппозиционной Президенту; колебание электорального «маятника» при наличии в Верховной Раде мелких партийных фракций делает эту ситуацию перманентно возможной;
- периодическое отсутствие эффективно действующей парламентской коалиции, что провоцирует перманентный политический кризис в работе законодательного органа;
- стремление к пересмотру положений Конституции, на которых настаивали как Президент Ющенко, так и представители парламентских сил, на основе тактических целей, а не стратегических задач;
- неэффективность работы судебной системы, падения авторитета судебной власти, отсутствие идеологии судов как независимых институций; превращение Конституционного суда в «карманный орган», действующий в интересах актуальной власти;
- акцент на популистские решения в осуществлении государственной политики, превращающие действия власти в хронически неэффективные и бессистемные;
- действия субъектов украинской политики все чаще направлены на дестабилизацию внутриполитической ситуации ради реализации тактических интересов;
- отсутствие консенсуса не только относительно процедуры и содержания внесения изменений в Конституцию, но и самой модели государственно-политического устройства Украинского государства;
- эскалация недружественных действий и информационной войны со Российской Федерации, лидеры которой не заинтересованы в интеграции Украины в европейские институции и НАТО, а в частности и в дальнейшей консолидации украинского общества вокруг европейских ценностей;

- отсутствие практических, а не декларативных, сигналов со стороны Европейского Союза о готовности видеть Украину членом ЕС; выжидательная позиция Брюсселя во многом лишает проевропейские силы в Украине внутриполитических перспектив.

Вполне очевидно, что Украина в настоящее время находится на затянувшемся перепутье своего политического развития. На современном этапе политического становления нашего государства можно все же предположить несколько сценариев развития ситуации. Вероятность реализации каждого из них остается достаточно высокой. Однако со всей ответственностью мы можем назвать эти сценарии «предварительными», или «исходными вариантами», поскольку их реализация будет зависеть от персонального фактора харизмы и радикализма политических лидеров, быстрой или замедленной их ротацией, и особенностями партийных комбинаций на разных этапах электорального цикла.

Сценарии
Оптимистический сценарий

Предпосылками его реализации можно назвать последовательные уступки со стороны всех ведущих политических акторов, отказ от радикализации действий, создания широкой коалиции и осуществления умеренной политики ведущих партий – а не череды «реваншей», как это практиковалось ранее. Главной предпосылкой осуществления оптимистичного сценария можно назвать выход на авансцену отечественной политики государственных деятелей, способных оттеснить от рычагов государственного управления популистов.

Оптимистический сценарий позволяет рассчитывать на стремительное, скачкообразное развитие украинского общества. Он предусматривает:

- *построение сбалансированной системы власти в пределах существования парламентско-президентской республики путем перераспределения полномочий,* в частности:
  - передачу Президенту возможности руководить внешней и оборонной политикой в сочетании с обретением парламентом права полностью формировать Кабинет Министров;

- o делегирование Президенту права распускать Верховную Раду в условиях перманентного политического кризиса и отправлять правительство в отставку при определенных законодательством обстоятельствах;
- *изменение алгоритма формирования парламентской коалиции* в сторону увеличения возможностей для ее расширения и стабильного функционирования, отказ от права исключительно фракций формировать коалицию;
- *отказ от стремления ограничить свободу действий законодателей императивным мандатом;*
- *создание верхней палаты парламента*, в которую делегировались бы на пропорциональной основе путем избрания по мажоритарным округам представители всех регионов страны – ее создание позволит уравновесить радикальные инициативы политических сил, представленных в нижней палате;
- *отмену абсолютной неприкосновенности парламентариев, ее замену политической неприкосновенностью*, существующей в большинстве европейских государств;
- *сокращение численности депутатского корпуса;*
- *оптимизацию процедуры импичмента Президента;*
- *переход к открытым спискам политических партий и блоков на парламентских выборах и возвращение к мажоритарной системе формирования местных советов;*
- *возобновление влияния идеологических партий*, получение ими независимости от финансово-промышленных групп путем изменения алгоритма функционирования, опору на малый и средний бизнес как заинтересованную в переменах часть национальной буржуазии;
- *структуризацию партийной системы*, уменьшения количества политических проектов, выполняющих исключительно тактические задания, перестройку деятельности политических партий в контексте функционирования и активизации полноценных элементов гражданского общества;
- *развитие рыночной экономики*, завершение процедуры разгосударствления стратегических предприятий, формирование эффек-

тивной стратегии управления предприятиями государственной формы собственности;

- *ускорение европейской и евроатлантической интеграции*, вступление в НАТО и получение перспективы обретения Украиной членства в Европейском Союзе; или же (как программа-минимум) реализация внутри страны европейских ценностей при перспективе реального членства в ЕС и доведение сотрудничества с НАТО до неформального максимума при подготовке общественного мнения к вероятности членства;

- *развитие институтов гражданского общества*, рост их влияния на вырабатывание государственной политики – путем формирования общественных советов, способных непосредственно влиять на органы государственного управления;

- *ликвидацию функции надзора органов прокуратуры*;

- *обеспечение реальной независимости судебной власти, реформирования правоохранительных органов, борьбу с коррупцией в их среде и обществе в целом*;

- *перераспределение властных полномочий в интересах местных органов власти*, переход к выборности председателей областных и районных государственных администраций;

- *постепенную смену политических элит*, сопровождающуюся ротацией политических лидеров.

- *Законодательное регулирование медиапространства* в интересах консолидации украинского общества и информационной безопасности государства.

Этот сценарий позволит Украине придать необходимую динамику своему развитию, занять достойное место в семье европейских государств, обеспечить наполнение реальным содержанием государственного суверенитета и способствовать построению гражданского общества. Стоит отметить то, что такой сценарий развития ситуации мог бы стать уникальным явлением для стран СНГ, поскольку среди всех постсоветских государств отдельные его компоненты были реализованы лишь в балтийских республиках.

Пессимистический сценарий. Авторитарный сценарий

Необходимо заметить, что низкий уровень договороспособности украинских политиков, их неумение соблюдать политические договоренности, стремление служить в первую очередь узкогрупповым, а не общегосударственным интересам, несовершенная политическая система и нормативно-правовая база украинского государства – все это не позволяет исключить развитие событий по пессимистическому сценарию. В государстве разбалансирована система власти, практически отсутствует государственническая идеология принятия решений, - а в результате отсутствие преемственности государственной стратегии. Коррупция пронизала практически все слои украинского общества, стала неизменным атрибутом представителей национальной элиты. Половинчатость управленческих решений, нестабильность экономической ситуации, склонность руководства страны к популистским решениям увеличивает достоверность воплощение в жизнь пессимистического сценария. К его основным признакам можно отнести:

- *продолжение противостояния между Президентом и Кабинетом Министров*, неспособность урегулировать существующие противоречия через личностное неприятие действий политиков, обладающих реальной властью (в случае различной партийной принадлежности Президента и Премьера);

- *в обратном случае – монополизация властного ресурса одной политической силой и отсутвие сильной и консолидированной-политической оппозиции*; это может поставить под угрозу продолжение демократической практики и свободы слова, способствовать развитию коррупции;

- *отсутствие стабильной коалиции в Верховной Раде шестого созыва*, невозможность ее переформатировать и преодолеть коллапс законотворческой деятельности, сопровождающийся стремительным падением авторитета парламента в глазах граждан;

- *неспособность законодателей и Президента принять эффективную модель политического устройства государства*, сбалансировать собственные полномочия путем их четкого распределения, сползание политической элиты к соревнованию несовершенных конституционных проектов;

- *погружение Украины в период хронических перевыборов советов разных уровней;*
- *нарастание коррупционных процессов* внутри государства;
- *массовые выступления граждан,* большинство из которых будет иметь заказной характер и будет направлено на блокировку работы государственных институций (распространение так называемого «политического туризма»);
- *усиление экономического кризиса из-за популистских действий исполнительной власти,* нехватки источников наполнения расходной части Государственного бюджета, зависимость от иностранных доноров, неурожаи, отсутствия эффективных моделей экономических преобразований;
- *падение темпов экономического роста,* углубление инфляционных процессов, распространение рейдерских захватов;
- *потерю управляемости Вооруженными силами в условиях напряженного политического противостояния,* отказ военнослужащих выполнять приказы собственных командиров, распространение дезертирства;
- *активизацию сепаратистских движений,* дезинтеграцию государства по разным сценариям: рост сепаратистских движений в Крыму и Закарпатье (при условии их поддержки властными кругами Российской Федерации), реанимация идей «Донецко-приднепровской республики», «Галицкой республики», раскол Украины «по Збручу» или «по Днепру». *Речь идет о конфликте между разными составляющими Украинского государства, отличающимися по политической культуре, идеологии и историческому опыту.*

Реализация подобного сценария засвидетельствует наличие значительной угрозы независимости и суверенитету Украины, высокую вероятность ее превращения из субъекта международных отношений в их объект, усиление сепаратистских движений вплоть до сценария дезинтеграции государства.

Политическая практика, сложившаяся в Украине, не позволяет полностью исключить и вероятность реализации *авторитарного сценария* развития. Подобные сценарии не являются исключением (а скорее нормой) на постсоветском пространстве. Активное использование популистских инициатив в качества инструментов государственной политики, несовершенство системы политических сдержек и противовесов, отсутствие эффективного гражданского контроля могут привести к переходу власти в руки харизматического лидера, способного использовать всю полноту государственной власти в собственных интересах.

Украинской особенностью вероятного авторитарного сценария можно назвать минимальную вероятность участия в его реализации представителей Вооруженных сил и силовых структур. Отечественные реалии таковы, что власть может быть сосредоточена в руках известного политика, способного игнорировать «под себя» нормы законодательства и опереться на поддержку народных масс в своем стремлении захватить и удержать власть. Катализатором такого сценария может стать существующее разочарование в демократической модели государственного развития, углубление противоречий между представителями демократических сил, активизация потребности в «сильной руке», стимуляция этих процессов политическими, финансовыми и информационными ресурсами Российской Федерации.

Особенности *авторитарного сценария*:

- *приход к власти харизматического лидера* (возможно – демократическим путем), который будет пытаться радикально увеличить полученный кредит доверия и направить всю полноту государственной власти на реализацию собственных интересов (и интересов своей финансово-политической группы);
- *ограничение деятельности политических партий*, сокращение их публичной активности, постепенная унификация партийных идеологий в «декоративной форме»;
- *превращение Верховной Рады в карманный управляемый орган*, непосредственно подчиненный лидеру страны;
- *ликвидация независимости судебной власти*, ее подчинение «государственным интересам»;
- *проведение ряда показательных судебных процессов* над публичными персонажами, обвиняемыми в коррупционных действиях; их жертвами станут представители явной или потенциальной оппозиции власти;

- *превращение борьбы с коррупцией в агитационно-пропагандистский элемент функционирования государственной машины;*
- *сворачивание рыночной экономики,* возвращение элементов командно-административного влияния на экономические процессы в государстве;
- *национализация ранее приватизированных предприятий без предоставления надлежащей материальной компенсации их владельцам;*
- *сворачивание эффективной и самостоятельной внешней политики,* ориентация на использование Украины исключительно в качестве государства-транзитера энергетических ресурсов.
- *Уход от многовекторности внешней политики в сторону статуса российского сателлита*

Авторитарный сценарий развития может отбросить Украину на десятки лет назад в ее развитии и отодвинуть на обочину общеевропейского развития, а также повлечь сворачивание демократических процессов внутри государства. В настоящее время риск сползания Украины к авторитарному правлению в известной мере компенсируются наличием нескольких центров политического влияния, постоянным пребыванием нашего государства в центре внимания европейских институций, сохранением созтязательной политической системы.

Реалистический сценарий

Стоит заметить, что логика развития Украины после получения независимости позволяет назвать наиболее реалистичным следующий сценарий развития ситуации. Присущими отечественной политической элите чертами является половинчатость принимаемых решений, несостоятельность в вопросе осуществления масштабных преобразований, неготовность принимать решения стратегического порядка. При этом политическая элита стремительно отдаляется от основной массы населения страны, – они уже практически функционируют на не пересекающихся между собой орбитах. Это может привести к тому, что развитие Украины на ближайшее десятилетие реально будут определять следующие факторы:

- *сохранение инерции общественно-политического развития*, сложившейся в период с 1991 года, консервация отдельных элементов «политической стабильности», что позволит органам государственной власти не осуществлять радикальные изменения своей политики;

- *активизация борьбы за сохранение суверенитета и территориальной целостности, против превращения Украины в государство-транзитер, находящееся под внешним управлением экспортеров и импортеров энергоресурсов;*

- *продолжение диалога с Европейским Союзом* о предоставлении Украине статуса ассоциированного члена ЕС, а впоследствии – и обретения нею полноценного членства;

- *замораживание процесса вхождения в НАТО*, связанное с неготовностью общественного мнения и слабым пропагандистским ресурсом этого направления;

- *дисбаланс (маятник) внешнеполитических ориентаций, связанный с полярными векторами интересов основных политических сил;* поэтому внешнеполитические ориентации Украины будут колебаться из крайности в крайность в зависимости от того, какая сила оперирует внешней политикой; доминировать будет тот вектор (Россия или Запад), со стороны которого будет ощутима явная заинтересованность во влиянии на украинские дела (пока что это - Россия);

- *сохранение или увеличение численности среднего класса*, последовательный рост его влияния на политические процессы внутри государства, что станет возможным после 2011 г., когда нивелируются последствия экономического кризиса;

- *продолжение пенсионной реформы, переход к более эффективной системе социальной защиты;* возможно это будет происходить под давлением внешних доноров;

- *продолжение экономических преобразований*, завершение процесса приватизации объектов государственной собственности, усиление борьбы с инфляционными процессами и экономической нестабильности;

- *продолжение функционирования политических партий в качестве передовых отрядов финансово-промышленных групп*, фактически не имеющих идеологической составляющей;
- *появление новых политических лидеров общенационального масштаба из числа нынешних представителей местной власти и бизнесменов*, способных доказать избирателям свое соответствие образу selfmademan'a.

С одной стороны, реализация реалистичного сценария развития государства не отвечает амбициозным планам части украинского политикума относительно ускорения интеграции Украины в европейские институции, ее демократического развития, однако преодоление кризисных явлений требует формирования новых, рассчитанных на перспективу политических стратегий. Пока же таковых нет, - Украина продолжает пребывать в «серой зоне» – между странами Европейского Союза и Российской Федерацией.

Важную роль для дальнейшего развития Украинского государства сыграли президентские выборы 2010 года. Существует мнение, что Украина не только попрощалась с иллюзиями относительно стремительного вхождения в «семью европейских народов», но при том сумела сохранить часть достижений «оранжевой революции» - конкурентный характер проведения президентских выборов, свободу СМИ, свободное волеизъявление. Даже необычно высокое количество граждан страны, не поддержавших ни одного финалиста во втором круге президентских выборов – 4,36% или более 1,1 миллиона избирателей, свидетельствует об относительно высоком уровне демократии, достигнутом в Украине после событий Майдана. И если говорить о сильной оппозиции как условии сохранения демократической практики, то сейчас Украина имеет хорошие шансы, т.к. Юлию Тимошенко никак нельзя отнести к слабым фигурам. Однако ее политический реванш очевидно требует новых идей, решений и практик.

Особенности президентской кампании 2009–2010 годов и перспектива «консервативной модернизации»

К событиям и явлениям, составившим особенности нынешней президентской кампании можно отнести следующие:

- поражение в первом туре действующего Президента Виктора Ющенко, сумевшего набрать 17 января 2010 года лишь 5,45% голосов избирателей по сравнению с 52% голосов, полученных им в третьем туре президентских выборов в декабре 2004 года;
- отсутствие значительных общественных ожиданий, связанных с изменением власти в стране;
- внесение изменений в закон «О выборах Президента Украины» в ходе избирательной кампании, в частности отмена положения о необходимости наличия кворума в 2/3 от членов избирательной комиссии для принятия решений, за несколько дней до второго тура выборов;
- проблемы с финансированием избирательного процесса из Государственного бюджета страны;
- противостояние претендентов на пост руководителя Высшего административного суда Украины – последней инстанции в разрешении судебных споров относительно признания результатов волеизъявления;
- сохранение разделения Украины на «электоральные заповедники» Юлии Тимошенко и Виктора Януковича – центральные и западные области предпочли лидера БЮТ, юго-восток страны преимущественно отдал голоса за лидера Партии регионов;
- совокупный результат кандидатов в Президенты, представляющих третью силу, в первом туре превысил 20% от числа принявших участие в голосовании (Сергей Тигипко – 13,05%, Арсений Яценюк – 6,96%, Анатолий Гриценко – 1,2%);
- в президентской кампании практически не принимали участия кандидаты-спойлеры, а основной задачей технических кандидатов было делегирование своих представителей в избирательные комиссии в первом туре выборов;
- на избирательную кампанию Юлии Тимошенко повлияло «дело педофилов», в котором фигурировали народные депутаты-члены БЮТ, некоторые из которых работали в избирательном штабе Тимошенко; на ход президентских выборов оказал некоторое влияние

карантин, объявленный в связи с эпидемией «калифорнийского гриппа», якобы имевшей место в Украине;

- президентская кампания носила преимущественно виртуальный характер, кандидаты в президенты предпочитали не вступать в дискуссию со своими оппонентами (большинство фаворитов президентской кампании отказались от участия в телевизионных дебатах на Первом национальном телеканале), не состоялись и теледебаты между Юлией Тимошенко и Виктором Януковичем.

Результаты президентских выборов позволяют говорить о вероятном развитии Украины в ближайшее время по сценарию *консервативной модернизации.* Он предполагает:

- отсутствие радикальных внутриполитических действий, обусловленное ограниченной общественной легитимностью Виктора Януковича и мощной оппозицией его курсу;

- острая борьба на выборах в местные органы власти, запланированных на 30 мая 2010 года (или на другой срок при их переносе), и возможных досрочных выборах столичной власти;

- сохранение вероятности проведения досрочных парламентских выборов, в случае, если Верховная Рада не проведет переформатирование парламентской коалиции на долгосрочной основе в соответствии с видением Виктора Януковича;

- формирование оппозиции, центрами которой станут Юлия Тимошенко и Виктор Ющенко, с учетом стремления Тимошенко монополизировать оппозиционную деятельность;

- зондирование со стороны оппозиции вариантов отмены политической реформы, вступившей в силу 1 января 2006 года, урезавшей полномочия главы государства и перераспределившей полномочия в пользу формируемого парламентом Кабинета Министров;

- активное восстановление отношений с Российской Федерацией, активизация контактов внутри СНГ (Украина является учредителем, но де-юре не входит в Содружество), сворачивание активности организации ГУАМ как поддерживаемой США альтернативы России;

- крах евроатлантических иллюзий части украинской политической элиты, отход темы вступления Украины в НАТО на второй план большой политики;
- развитие прагматичных отношений с Европейским Союзом, борьба за упрощение визового режима и создание зоны свободной торговли между Украиной и ЕС;
- переход части политического противостояния в гуманитарную сферу (функционирование русского языка, поддержка национальной кинематографии и книгопечатания, официальной исторической политики в образовании)

Основные угрозы стабильности власти Президента Виктора Януковича

Совокупность существующих политических и экономических проблем, неоднородность политической команды, отсутствие общественной легитимности в глазах большей части сограждан (по результатам выборов в целом негативно относятся к В.Януковичу около 52% избирателей) позволяют предположить, что президентская каденция Виктора Януковича продлится меньше отведенного Конституцией пятилетнего срока. Вероятно, что практически сразу после инаугурации победитель президентских выборов столкнется со следующими вызовами:

- тяжелое экономическое положение страны в равной степени подталкивает к необходимости проведения непопулярных реформ и поиску алгоритма сдерживания роста недовольства;
- финалист президентских выборов Юлия Тимошенко встретила инаугурацию Виктора Януковича на посту премьер-министра, но утратив его, отнюдь не собирается уходить с политической арены, оставаясь очень мощной политической фигурой;
- Верховная Рада шестого созыва не способна сформировать *идеологическое* парламентское большинство, а проведение досрочных парламентских выборов чревато приходом новых политических сил и формированием антипрезидентского парламентского большинства;

- борьба за создание ситуативной коалиции, необходимой для смены правительства, заставит Януковича отказаться от части предвыборной программы;
- политическая команда Партии регионов не выглядит монолитной и готовой к ведению эффективной государственной политики; Януковичу предстоит рассчитаться по многим политическим векселям, а его кадровая «скамейка запасных» не отвечает требованиям высшей политической лиги;
- внешнеполитический курс нового Президента будет отмечен относительным лавированием между Россией, Европейским Союзом и США; любое обострение отношений на российско-европейском или российско-американском направлениях будет иметь драматические последствия для внешней политики официального Киева;
- у Виктора Януковича нет в распоряжении ни ста дней, традиционного отводимых на переходный период, ни полномочий, способных позволить ему реализовать предвыборные обещания;
- все провалы новой власти будут подвергаться беспощадной критике оппозиции, единоличным лидером которой с высокой степенью вероятности станет Юлия Тимошенко;
- вызывает сомнения факт наличия у Виктора Януковича политической воли для принятия непопулярных решений, его способность привлекать к работе на благо государства незаангажированных профессионалов, сформировать эффективно действующую модель государственной власти;
- действия новой власти по «чувствительным» вопросам (попытки создания газотранспортного консорциума, стремление лишить украинский язык статуса единственного государственного, экономическое сближение с Россией) будут неизменно подвергаться критике представителями оппозициями и сопровождаться акциями протеста;
- положение В.Януковича отягощается тем фактом, что в ходе президентской кампании ему не удалось преодолеть психологический 50-процентный барьер его поддержки избирателями, этот факт

станет объектом педалирования оппонентами лидера Партии регионов.

Необходимо отметить, что перед Юлией Тимошенко как финалистом президентских выборов и активным политическим игроком стоит ряд задач, от успешности выполнения которых зависит будущая реализация ее потенциала влиятельного политика. Среди них:

- очистка рядов БЮТ от политических попутчиков, принятие решения о переходе к европейской по форме и содержанию оппозиционной деятельности;
- отказ от игнорирования Виктора Януковича в качестве законно избранного Президента;
- консолидация оппозиционных главе государства политических сил;
- переход к идеологической модели функционирования ведомой Юлией Тимошенко политической силы и формированию собственной концепции «гуманитарной политики», которая бы соответствовала идеологическим установкам движения и его амбициям;
- проведение ревизии политической деятельности БЮТ, отказ от избытка популистских лозунгов, авторитарной модели управления политической силой и устаревших подходов к внутреннему партийному строительству.

Развитие отношений власти и оппозиции, их динамика, зависящая от электорального цикла высших и местных органов власти, успешности в поиске идеологических аргументов и зависит направление вектора политического развития Украины между выше приведенными сценариями или «исходными вариантами». Не исключено, что в ближайшее десятилетие проявятся черты каждого из них, - но, конечно, хотелось бы увидеть и проявления «оптимистичного».

8. ИНТЕГРАЛЬНЫЕ СЦЕНАРИИ РАЗВИТИЯ УКРАИНЫ ДО 2020 ГОДА

Кирилл Галушко

при участии Лидии Смолы

Очерченные выше социально-демографические и культурно-гуманитарные проблемы могут, конечно, восприниматься читателем как тщательно отобранная «чернуха», которая способна разве что усилить и так существующий общественный пессимизм. Впрочем, это отнюдь не было нашей целью. Нужно осознавать, что такое состояние вещей обусловлено советским наследием, объективными трудностями переходного периода («транзита») и отсутствием со стороны государственной власти, независимо от партийной принадлежности, практических действий относительно решения очевидных и известных проблем.

Весьма много социальных процессов было пущено на самотек, – и при отсутствии четкой концепции и реализации назревших социально-экономических реформ часть этих процессов повернула в сторону ухудшения ситуации. Большинство тех проблем, о которых мы сейчас говорим, нельзя решить путем ситуативных и поспешных решений, поскольку общество является системой, которая состоит из многих взаимозависимых элементов. (Например, если направить все усилия лишь на преодоление демографического кризиса путем выплаты все больших денег родителям новорожденных, то результат может оказаться минимальным, – если при этом не будет решена проблема доступности жилья и не будет реформировано образование – так, чтобы оно более отвечало общественным нуждам и давало реальные шансы для лучшего трудоустройства молодых специалистов в будущем.)

Однако это не означает, что если системные проблемы портят нам настроение, то лучше о них не думать. «Страусиная» позиция невмешательства и бездеятельности, сосредоточение общественного внимания лишь на политической «пене» никак нам не помогут, а верить в то, что «все решится само», – уже слишком поздно.

Общество развивается не запрограммировано, его прогресс или регресс зависят от многих факторов, которые сложно предусмотреть, – и потому Украина не является априори обреченной ни на невиданный взлет, ни на катастрофу. Однако для преодоления описанных выше негативных явлений необходимы сознательные и целенаправленные действия – как власти, так и гражданского общества. Формой их воплощения должна быть стратегия национального развития – по крайней мере на ближайшие 10-15 лет, которая бы основывалась на консенсусе политических элит и воплощалась в жизнь всеми кабинетами и администрациями независимо от партийных цветов. В противоположность репликам о том, что «Украина как государство не состоялась» (В.Путин), именно такой подход может стать наиболее весомым показателем зрелости нашей страны и ее способности самостоятельно решать собственные проблемы. А обычные граждане получили бы от этого такую полезную в жизни вещь как *уверенность в завтрашнем дне и веру в то, что он будет лучшим, чем сегодняшний.*

Для того, чтобы представить те варианты будущего, которые могут нас ожидать, мы синтезировали прогнозы и тенденции, сформулированные всеми авторами этого исследования по узким и специальным проблемам. Рассмотренные в данном исследовании аспекты очерчивают нам те факторы влияния на развитие общества, которые мало зависят от действий массы средних граждан, а прежде всего нуждаются в четком осознании ситуации правящим классом и соответствующими государственными службами. Без системного менеджмента, ориентированного на продолжительную перспективу, миллионы украинцев будут оставлены наедине со своими неурядицами. А их эмбриональному гражданскому обществу явно не хватит моральной и психологической энергии для своей структурации и формирования такой позиции, которая была бы услышанной.

О методике

Как считает известный футуролог Петер Шварц, *«Сценарий – это инструмент упорядочения собственного восприятия будущего, в котором разыгрываются сегодняшние решения. [...] Как создается сценарий? Сначала собирается информация от всех доступных источников, потом следует анализ: идентификация движущих сил социальных, технологических, тех, что касаются окружающей среды, экономических и политических факторов. После этого рассматриваются определенные элементы, то есть то, что неизбежно, например, многие демографические факторы уже действуют и они берутся в расчеты, критические неопределенности, то есть то, что непредусмотрено или является вопросом выбора, например, общественное мнение. Потом строится три или четыре тщательно продуманных «сюжета». Сценарии должны функционировать как учебные инструменты. [...] Применяя сценарии для предшествующей репетиции будущего, распознавая предупредительные знаки и драматические события, которые вслед за ними разворачиваются, человек может избежать неожиданностей, приспособиться и действовать довольно эффективно. Дальше сценарии ложатся в основу принятого стратегического решения»*[1].

В этом определении можно заметить отличие построения сценариев от банального прогнозирования («с этим будет это, а с тем –то»). Существуют разные прогнозы развития социальных, демографических, политических, экономических процессов, однако для принятия практических решений *системного характера («стратегических»)* необходимо свести все прогнозы к более целостным комплексам – *сценариям*, которые дают более системное видение перспектив развития.

Базовыми интегральными сценариями развития Украины, на наш взгляд, являются следующие:

* Реалистический (инерционный): медленная стагнация
* Пессимистический: коллапс и распад / авторитаризм
* Оптимистичный: евроатлантическая фантазия

---

1   http://forum.prognoz.org/viewtopic.php?id=15.

Реалистический (инерционный) сценарий: медленная стагнация

До 2020 года численность населения Украины сократится еще на 4 миллиона – приблизительно до 42 миллионов человек, из которых свыше 20 % будут составлять люди старше 65 лет (в 1990 году их было около 12 %), а доля трудоспособного и наиболее активного населения – в возрасте от 25 до 64 лет – почти 47 % (в любом случае пенсионный возраст будет поднят выше нынешних 55 и 60 лет). Среди них почти половину будет представлять возрастная категория 45–64 года, которая будет формировать когорту следующих пожилых граждан страны – процент последних после 2020 года станет еще большим. Количество детей до 14 лет будет вдвое меньше сравнительно с 1990. Эти общие показатели, *одинаковые для всех сценариев*, свидетельствуют о неотвратимом старении народа Украины, которое однозначно будет продолжаться – даже при условиях успешной демографической стратегии. Последняя может лишь замедлить темпы старения.

Социальные обязательства государства будут заставлять чем дальше, тем больше увеличивать налоговое бремя трудоспособного населения, перенося семейные и государственные инвестиции с поддержки молодой генерации и инновационных проектов на содержание пожилых сограждан. Это будет объективным фактором для продолжения популистской экономической политики (правительствами всех партийных ориентаций), которая будет формировать «бюджеты проедания», а не развития, заводя страну в тупик экономической стагнации. Рост доли социально зависимого консервативного населения, которое хочет стабильной государственной поддержки, а не каких-то общественных изменений, существенно будет содействовать популизму власти. С окончанием масштабной приватизации государство останется без источника «легких денег» на социальные расходы. Налоговый прессинг и отсутствие перехода к инновационному развитию будут тормозить формирования малого и среднего бизнеса, будут лишать граждан мотиваций к активной предпринимательской деятельности, не будут создавать условий для возникновения рабочих мест в высокотехнологических и наукоемких сферах. Государственных ресурсов для поддержки и развития последних просто не будет существовать. Утратив остатки собственной инновационности в научной сфере, Украина станет зависимой от иностранных инвестиций и критически зависимой от иностранных технологий.

Такая ситуация будет содействовать активной миграции молодой и квалифицированной рабочей силы за пределы страны, где окажется до 30 % молодых украинцев. Наиболее высокообразованные «кадры» будут двигаться на Запад – в страны ЕС и США, где они будут склонны уже к натурализации (получению гражданства), пользуясь льготными условиями, которые там создаются. Оседание украинских «рабочих рук» за пределами страны логически уменьшит объемы временной трудовой миграции, а это, в свою очередь, существенно сократит инвестиции мигрантов в отечественную экономику. Рабочая сила средней квалификации частично будет двигаться в противоположном направлении – в Россию, которая будет иметь больше возможностей для устройства трудовых ресурсов из постсоветских стран ради преодоления собственных демографических и экономических диспропорций.

Относительно демографических проблем Украины, то в нашей стране наибольшую «популярность» получит нуклеарная модель семьи, возрастет количество неполных семей, поскольку социальные обстоятельства не будут содействовать повышению рождаемости и стабильности брака. Многодетные и молодые семьи, как и сегодня, будут пополнять ряды неблагополучных, малообеспеченных и неимущих, что особенно распространится в селе и в небольших городах. Активная миграция молодежи, прежде всего квалифицированной и образованной, из сел и городков в городские агломерации приведет к еще большему старению сельского населения, катастрофическому разрушению медицинской и образовательной инфраструктуры села и, как следствие, – к его физическому вымиранию, исчезновению десятков населенных пунктов, особенно в Центральном и Северном регионе. Постепенное формирование рынка сельскохозяйственных земель и их распределение между несколькими монополистами вызовет неравномерность экономического развития аграрных регионов, поделив их на те, которые развиваются, и на стабильно депрессивные и вымирающие. Все большая часть трудоспособного сельского населения будет страдать от алкоголизма, хронических болезней, а отсутствие на этом фоне контроля рождаемости и планирования семьи сделает село мощным источником социального сиротства.

Такие социально-экономические обстоятельства не будут содействовать существенному реформированию и активизации системы здравоохранения и социальных служб, поскольку их реальная деятельность, как и сейчас, будет сосредоточена преимущественно в больших городах и административных центрах. Эта деятельность и в дальнейшем не будет иметь престижного характера, вследствие чего в неблагополучных местностях будет ощущаться значительный кадровый голод. При этих условиях влияние структур социальной и медицинской сфер на образ жизни населения будет минимальным, что приведет к усилению существующих негативных тенденций.

Дефицит рабочей силы в отечественной экономике будет составлять несколько миллионов людей, а качество тех трудовых резервов, которые останутся в пределах страны, лишь будет ухудшаться – вследствие социальных болезней: алкоголизма, туберкулеза, ВИЧ/СПИДа, наркомании. Учитывая динамику распространения употребления спиртного среди взрослых и, особенно, подростков, существует вероятность, что на 2020 год зависимых от алкоголя может стать почти вдвое больше, чем сегодня, – они составят приблизительно 10 % населения. Если нынешние темпы распространения социально опасных болезней не будут преодолены, в названном году почти 5–8 % украинцев будут болеть туберкулезом, а 4–5 % – ВИЧ/СПИД. Понятно, что эпидемии туберкулеза и ВИЧ/СПИДа ассоциированные, то есть взаимно усиливают друг друга; значит больные СПИДом будут умирать преимущественно именно от туберкулеза. Поэтому суммарный процент пострадавших от обеих эпидемий может и не достигнуть 12–13 % населения, но однозначно охватит его десятую часть. Количество наркозависимых, кроме очевидных социальных причин, будет существенно зависеть еще и от миграционной ситуации и криминогенной обстановки. Итак, подытожив, можем говорить о том, что, даже без учета «обычных» хронических болезней (которые также зависят от социальных условий), приблизительно 20 % жителей Украины будут исключены из производственного процесса лишь из-за социальных болезней, а это, вместе с дальнейшим ростом смертности, будет приносить (кроме гуманитарных потерь) экономике страны огромные убытки. Речь уже будет идти не столько о профилактике, сколько о регулярном лечении миллионов людей, значительная часть из которых будет нетрудоспособной.

Добавим к этой цифре социально зависимых пенсионеров (свыше 20 %), инвалидов, хронически больных, детей дотрудоспособного возраста (приблизительно 15 %) – и мы увидим, что действительно работать сможет лишь немногим более 40 % населения, а остальные 60 % (!) станут, при государственном перераспределении доходов, их иждивенцами. Поэтому приведенные нами в первой главе миграционные ориентации молодого трудоспособного и социально мобильного населения отнюдь не покажутся нам завышенными: 30% молодежи уже сейчас хотели бы покинуть страну. Дополнительными факторами, которые будут содействовать эмиграции, останутся коррупция, незащищенность частной собственности, неэффективность судебной системы, пессимистические социальные ожидания, вызванные продолжительным отсутствием ощутимых положительных изменений в жизни общества, неверием в возможность что-то изменить к лучшему, недоверием к правящему классу, политической элите. Социальный капитал (социально активные граждане, общественные организации) остается неиспользованным и не накапливается, а следовательно, и не станет партнером и опорой государства в стремлении улучшить жизнь общества. Институты гражданского общества – в состоянии эмбрионального развития, поэтому социальные изменения оказываются замкнуты в области неуклюжей и ситуативной административной политики. Неудовлетворение состоянием вещей, распространенное в украинском обществе, сегодня вызвано системным комплексом факторов, а не конкретными политическими фигурами или силами. Уныние продиктовано и отсутствием хоть приблизительно очерченного видения общего будущего, национальной идеи, социально значимых и конструктивных ценностей, стратегии (не декларативной, а реально действующей) развития страны, отсутствием даже краткосрочных сформулированных планов, не говоря об их выполнении.

При этих условиях едва ли можно ожидать существенного роста производительности труда в украинской экономике – то есть того, что является основным залогом конкурентоспособности экономики вообще, увеличения ВВП и экономического прогресса. Существенной проблемой развития нашей страны является закрепление потребительской модели существования и патерналистских установок, когда объем взятых кредитов не отвечает ни способности потребителей их уплатить, ни возможности слабо капитализированных отечественных банков справиться с ними самостоятельно, без масштабных внешних займов. Результатом станет «финансовый пузырь», который лопнет с вероятными катастрофическими последствиями для банковской системы и потребителей. В Украине, с ее экономическими проблемами и тенденциями, нынешнее чрезмерное количество слабо капитализированных банков обанкротится или будет выкуплено иностранными инвесторами. В результате придется смириться с почти полной зависимостью банковской системы от иностранных финансовых структур. Единственным «мерилом успешности» украинской экономики станут мировые цены на основные статьи экспорта, которые и будут определять ее общий рост или падение. Низкое качество рабочей силы станет причиной уменьшения иностранного инвестирования в условиях недостаточности внутренних ресурсов для капитализации. Непрестижность рабочих специальностей, продолжительный упадок профессионально-технического образования, имеющееся несоответствие государственного заказа на специалистов реальным нуждам экономики вычеркнут Украину из списка стран, где относительная дешевизна рабочей силы привлекательно усиливается ее квалификацией.

Соображения по поводу того, что бы произошло, если бы украинская экономика попала под влияние непредусмотренного внешнего фактора, являются лишними, поскольку количества очевидных внутренних негативных социальных факторов уже целиком хватает для того, чтобы они самодостаточно вызвали кризисные явления в Украине (по крайней мере в продолжительной перспективе). И так понятно, что этот, уже существующий и действующий, комплекс факторов может так ослабить украинскую экономику и ее социальный сектор, который при условии наступления дополнительно еще и внешнего кризиса ей будет тяжело удержаться на ногах.[2] Авторы также сознательно пытались

---

2   *От редакторов*: Мы сознательно сохранили текст сценария первой половины 2008 г., т.е. написанный совсем незадолго до мирового финансово-экономического кризиса и новейших проблем украинской банковской системы.

игнорировать вероятное разыгрывание «украинской карты» как традиционными, так новыми влиятельными игроками на международной арене. Однако, вернемся к отечественным реалиям.

Депопуляция и старение населения будут присущи всем регионам страны, кроме больших городских агломераций, где сосредоточатся основные финансовые ресурсы, рабочие места и инфраструктура, где социальная сфера не деградирует так, как в сельской местности. Если в центральных (кроме Киева) и северных областях причинами депопуляции станут преимущественно природно-демографические и миграционные факторы плюс алкоголизм, то на Востоке и Юге на сокращение населения в основном будут работать, кроме «традиционного» пьянства, еще и распространение туберкулеза, ВИЧ/СПИДа, наркомании. В индустриальных районах наибольшей будет диспропорция между количеством мужчин и женщин – вследствие значительно высшей смертности мужчин среднего возраста.

В относительно лучшем социально-демографическом положении будет оставаться, как и сейчас, Западная Украина, однако там огромная трудовая миграция в Европу будет подвергать испытанию прежде всего институт традиционной семьи и качество воспитания детей (если сегодня в этом регионе доля сирот приблизительно в 10 раз меньше, чем на Востоке, то со временем ситуация может измениться в худшую сторону). Нужно также добавить, что все указанные выше социальные факторы принадлежат к тем, которые содействуют росту в стране преступности, – и «ведущими» регионами в этом тоже будут оставаться Восток, Юг и Центр.

Социальная структура украинского общества и в дальнейшем будет формироваться по модели стран «третьего мира» – с огромной поляризацией доходов и социальным расслоением. Учитывая очерченные тенденции, становление среднего класса будет происходить чрезвычайно медленно: его пополнение и в дальнейшем будет ограниченным со стороны слаборазвитого, не стимулированного государством малого и среднего бизнеса и, вместе с тем, будет оставлять в стороне работников

Не думаем, что в 2010 г. наш прогноз нуждается в существенной коррекции. Во всяком случае, мы убедились, что пока что в этом сегменте работает именно данный «реалистический сценарий».

медицины, образования, социального сферы – вследствие непрестижности и недостаточного финансирования этих отраслей.

Деформированное становление среднего класса замедлит появление в стране «ответственного избирателя», поскольку из-за объективных социально-демографических процессов (в случае невмешательства государства в управление ими) основную массу граждан все больше будут составлять люди социально зависимые, неимущие, бедные, а следовательно, склонные откликаться на популистскую демагогию и поддерживать ее. Поэтому невозможность что-то изменить путем демократической избирательной процедуры со временем приведет к политическому равнодушию даже социально активных личностей (их будет весьма мало, к тому же, они сами – наименее дисциплинированные избиратели) и стремлению измененить ситуацию радикальным путем – благодаря *твердой руке*». Вместе с тем политическая и социальная пассивность украинского общества может стать его перманентной чертой, и ожидать каких-то взрывов социального недовольства или массовых протестов в реальности не следует. Помня о разочаровании послеоранжевого периода и руководствуясь принципом «моя хата с краю», молодые украинцы 2020 года будут просто избирать себе страну с лучшими условиями жизни и более гуманным обществом или же будут заниматься обычным делом – делать индивидуальную карьеру вопреки любым условиям.

Упомянутый нами дефицит рабочей силы приведет к скоплению в Украине большого количества иностранных мигрантов: часть из них будет находиться в нашей стране временно – с тем, чтобы со временем перебраться в ЕС, а часть будет ориентирована на постоянное местожительство. В зависимости от соблюдения миграционного законодательства, степени прозрачности европейской и российской границ их количество может достигнуть сотен тысяч. Они будут источником дешевой неквалифицированной рабочей силы и станут питательной средой для организованной международной преступности, наркоторговли и торговли людьми. Учитывая то, что странами исхода этих мигрантов будут преимущественно Западная, Южная и Юго-Восточная Азия, для их интеграции в украинское общество будет существовать ряд социальных, культурных и ментальных препятствий. Опыт других стран показывает, что, в условиях стихийности, неконтролированности процесса миграции и обустройства прибывших, они со временем формируют замкнутые анклавы (гетто), которые становятся источником (и объектом) социальной и межэтнической вражды, – особенно, если в обществе, которое их принимает, распространяются ксенофобные настроения (что при названных условиях неизбежно даже в странах, значительно более благополучных, чем Украина). Украинцы пока что достаточно толерантны к приезжим, но нет гарантий, что это положение сохранится в будущем. Понятно, что иммигранты будут жить в больших городах (сельская местность нигде в мире не стала местом их локализации), и потому в последних постепенно будут формироваться этнические кварталы. Поскольку города станут основной сердцевиной социального расслоения, конфликты на социальном уровне в них часто будут приобретать межэтнический погромный характер (что сейчас эпизодически происходит в России).

Теперь, очертив основные характеристики украинского общества при развитии реалистического (инерционного) сценария, следует попробовать определить, какие политические условия и какой «стиль менеджмента» делают такое развитие сейчас очень вероятным. Простейшим ответом станет следующий: *условия, при которых политический процесс и партийно-политическая система в Украине не испытают сущностных изменений, а от евроинтеграционных планов придется отказаться или они останутся лишь декларативными. В этом смысле инерционный сценарий становится автоматическим путем к воплощению пессимистического.*

На сегодня общей чертой украинских политико-финансовых «кланов» (поскольку «невиртуальных» политических партий в стране практически не существует) является отсутствие четкой системы ценностей, вместо которой существуют рефлексы приобретения наживы, на основе которой развиваются сами «кланы», и предлагают соответствующую модель развития страны. Из общепризнанной системы ценностей проистекают правила, по которым конкурируют и сосуществуют разные группы интересов в обществе. Но отсутствие такой системы, или же ее изначальная порочность порождают безответственность и наблюдающийся сегодня хаос. Отсутствие такой системы ценностей порождает отсутствие цели функционирования общественных институтов, а от этого происходит их очевидная слабость и неэффективность. Любой институт, у которого отсутствует цель, начинает заниматься обеспечением своих привилегированных участников (обогащением).

Отсутствие у правящего класса стратегических ценностных приоритетов (*пост*советский синдром, отсутствие новой программы действий) привели к неадекватности представлений политической элиты о состоянии общества, а из-за этого – к неспособности осознать те известные риски, которые существуют, и отсутствия соответствующего стремления их минимизировать. Риски, заметим, в одинаковой мере затронут и правящий класс, а не только широкие массы граждан. Убытки от неудачной внутренней политики будут относительно одинаковыми для всех категорий украинцев, но в абсолютном измерении цифр и объемов собственности они, однозначно, поставят точку – в достижениях нынешней верхней страты общества и «крест» – на ее влиянии на ход событий. Возможно, что местной элите удастся «удержаться на плаву», но при реальном сокращении государственного суверенитета Украины (неминуемом при нынешнем развертывании событий) ей придется привыкать к новым «правилам игры» – то есть к тому, что ее воля не будет решающей.

Пока что руководство государства не способно сформулировать приоритеты общественного развития и выработать стратегическую программу действий и мер, которые необходимо и возможно осуществить. Поскольку об этико-нравственных определениях политической деятельности в Украине говорить нет смысла, мы ограничимся оценками функционального характера. Пока не появились новые (или «новые-старые») политические игроки с эффективным проектом «третьей альтернативы», политическое равновесие между нынешними политическими лагерями в Украине является достаточно стабильным. Однако это равновесие отнюдь не является реальной, «принципиальной» *поляризацией*, – поскольку декларативные идеологические расхождения нынешних конкурентов имеют не идеологически-фундаментальный, а технологический характер, ориентированный на перманентный избирательный процесс. Поэтому определить в Украине четкий политический цикл (как в США, например) с соответствующими стратегиями участников для каждой его фазы – невозможно. Несовершенство украинской Конституции, очевидное с 2005 года, является довольно удобным для действующих политических игроков, потому что из-за своей ежедневной «напряженности» оно не позволяет появиться на политической арене «третьей силе», а существующие две поддерживает в таком равновесии, которое делает успех одинаково достижимым для них обеих. Соответственно, истинного желания усовершенствовать Основной закон они не имеют, разве что под этот результат будет заключен продолжительный политический союз.

Но основная проблема для украинского общества заключается в том, что такая ситуация программирует политиков только на *тактические действия*, которые исключают продолжительную стратегию, – а от нее, собственно, и зависит «в сухом остатке» судьба граждан. Тем временем и управленческая, и пропагандистская активность при пребывании при власти или в оппозиции содержат лишь суетную мотивировку, продиктованную той или другой насущной необходимостью сегодняшнего дня. Поскольку основной месседж каждой политической силы состоит в возражении месседжу соперника, то при смене правительств или парламентских коалиций невозможно достичь *преемственности и последовательности в решении стратегических вопросов развития страны*. Возникает «маятник реваншей». В этих условиях ни одна из политических сил не склонна становиться «идеологической партией», потому что идеология требует хотя бы относительного соблюдения определенных принципиальных приоритетов от выборов до выборов. Такая ситуация логически ведет к размыванию административной вертикали – не в смысле конституционного увеличения полномочий местной власти, а в направлении ее все меньшей контролированности в тех политических вопросах, которые не являются сферой ее компетенции, а именно: языковой и образовательной политики, отношению к территориальной целостности и суверенитету государства. Это означает, что все больше регионов Украины станут объектом целенаправленных деструктивных внешних влияний, которые будут готовить почву для распада страны. Деятельность же силовых структур будет неэффективной, что будет обусловлено порочной кадровой политикой, нечеткостью концепции самой национальной безопасности, перманентными ротациями, вытеснению профессионалов, низким финансированием - эти тенденции мы можем уже наблюдать. Сегодняшнее реальное осуществление действующего законодательства может завтра закончиться репрессиями для его исполнителей.

Технологический характер ведущих украинских политических проектов, как ни грустно об этом говорить, *целиком отвечает запросам общества, неимущего и слабо структурированного, которое пребывает в мировоззренческом хаосе.* Такое общество склонно слушать популиста и демагога, а популист и демагог не склонен делать общество другим – чтобы не потерять шанс на завтрашнюю победу ради воображаемой стратегии на послезавтра. Результатом такого «завоевания масс» является паралич всех ветвей государственной власти, которая делает невозможным эффективный контроль за социальными процессами и попытки их коррекции.

В условиях стабильной внешнеполитической ситуации такое состояние может длиться достаточно долго, но геополитическое положение Украины может лишь обещать нам наше «удобство» в качестве геополитического «буфера» между мировыми державами. Для «Запада вообще» мы – определенный «ограничитель» для продвижения России, для прагматического Евросоюза – «отстойник» для мигрантов и нестабильный транзитер энергоресурсов, для российского капитала – «свободная территория», лишенная собственного контроля. Для нас самих это вообще ничего не гарантирует и является лишь хорошим стартом для преобразования в «банановую республику» с марионеточной политической «элитой». Дальнейшее выживание Украины как самостоятельного субъекта будет зависеть лишь от мощных целенаправленных усилий правящего класса и граждан для консолидации страны на основании осознания национальных интересов. Шансы на это, сознаемся, – весьма невелики.

1. *Накопленное общественное разочарование и недоверие мешает сотрудничеству и организации новой политической силы, поскольку избирателей уже неоднократно одурачивали и они получили «прививку» от одноразовых проектов. Тем более, что члены устоявшихся политических «кланов» считают нарушение взятых ими обязательств перед общественностью или другими группировками правящего класса нормой.*

2. *Новый политический проект требует наличия образованных квалифицированных людей, мыслящих системно и на перспективу, но
таковых, как правило, на практике заменяют «раскрученные» по-
литтехнологи. Однако последние всегда работают только на
«ближайшую избирательную кампанию», - не далее.*
3. *Концентрация финансовых ресурсов у олигархов ограничивает
возможности финансирования новых проектов. Поскольку политическое спонсорство рассматривается как краткосрочное биз-
нес-соглашение, то выполнение обязательств перед спонсорами
обязательно вступает в противоречие с заявленными перед избирателями целями «новых проектов».*

Единственная причина, способная склонить чашу весов в сторону
более эффективного государственного менеджмента, – это или вырази-
тельная внешняя угроза положению правящего класса (его основной
общий капитал – это государственный суверенитет Украины), или комплекс жестких, опять же – внешних, обязательств относительно внутренней политики. После 2005 года внутренний ресурс социальной активности населения пока что исчерпан, поэтому для правящего класса
решающее значение имеет именно внешний фактор, который принудит
его к по крайней мере формальной консолидации ради объективно общих интересов. Конечно, ожидать реальной угрозы собственной стране,
лишь бы «вдохновиться» на какие-то общественно полезные действия, –
это весьма унизительная ситуация, но она является именно таковой.
Вместе с тем, нет абсолютно никаких оснований говорить о том, что
упомянутый «основной общий капитал» хотя бы как-то осознается даже
теми (численно очень небольшими) категориями населения, огромное
богатство которых непосредственно зависит от сохранения этого «капитала».

К упомянутым внешним факторам давления мы можем отнести:
1 интеграцию в политико-экономические или военные союзы других
государств с четкими требованиями относительно условий членства,
или
2 угрозу внешней агрессии.

Во втором случае «консолидироваться» может быть уже слишком поздно – и часть правящего класса сможет плавно перейти в категорию ма-

рионеточных политических фигур, управляемых извне. Относительно первого варианта мы должны заметить, что четкие требования к состоянию общества, экономики, политических институтов имеют лишь такие союзы, как ЕС и НАТО. Если же мы ведем речь об интеграции с Российской Федерацией (принимая во внимание продолжительную предсказуемость, стабильность, преемственность ее политики на последующие годы), то для нее основным критерием является *подчиненность и лояльность, а не соответствие тем социальным и политическим стандартам, которым она сама не может соответствовать*. Реинтеграция с Россией может дать пролонгацию потребительской экономики еще на несколько лет благодаря «благодарности за лояльность», – однако практика свидетельствует, что экономический «пряник» российской внешней политики очень быстро заканчивается сокращением экономического и политического суверенитета. Ответственность же за неудачную внутреннюю политику будет лежать на местном диктаторе в стиле белорусского Лукашенко, а не на «суверенно-демократической» и очень самодостаточной России, которой в ближайшие двадцать лет практически некого бояться, кроме западных общественных (неофициальных) правозащитников. Позиция западных официальных представителей будет значительно более сдержанной. Им, последним, Украина де-факто не является позарез необходимой, разве что некие глобальные кризисы (о которых мы предпочитаем не загадывать) заставят их по-другому отнестись к нашей стране.

При таком ходе событий мы можем выбирать лишь между более скорым и более медленным исчезновением Украины как самостоятельного государства – и очередной катастрофой украинского национального проекта, который реализуется, с переменными победами и поражениями, уже на протяжении 150 лет. Ныне мы получаем шанс потерять «все, за что боролись» не из-за военной агрессии, а тихо и мирно, – а следовательно, гораздо постыднее. Поэтому, если мы говорим о состоянии украинского общества и самих украинцев, единственным внешним мотивирующим фактором для положительных внутренних изменений может быть ориентация на «западные стандарты». Понятно, что для лечения общественных болезней совершенно необязательно требовать от Брюсселя «захотеть» членства Украины в ЕС, – ведь можно просто самостоятельно осуществлять системные общественные реформы. Правда, очерченные нами выше внутренние факторы этому очевидно помешают: правящий класс пока что не демонстрирует своей адекватности в осознании собственной ответственности. Расплата за некомпетентность на таком уровне всегда была весьма суровой, особенно на тесноватом Европейском континенте. Здесь нет потребности выдумывать «страшилки»: они уже есть – и работают.

Пессимистический сценарий: коллапс власти и распад страны

Пессимистический сценарий предусматривает крах украинской государственности в ее нынешней форме. Если не принимать во внимание глобальные климатические катастрофы, военные конфликты и экономические кризисы, крах Украины может состояться лишь вследствие целенаправленных враждебных действий со стороны ее непосредственного геополитического окружения при условии неконсолидированной позиции национального политического класса. Внутренняя «неуверенность» является для агрессора залогом экономии масштабных военных (а потому внутриполитически невыгодных) усилий, – можно обойтись сугубо экономическими и политико-манипулятивными действиями, что значительно более привлекательно и выгоднее.

На сегодня и на ближайшую перспективу территориальные споры Украина имеет на западе лишь с Румынией, которая как член ЕС и НАТО не может самостоятельно выступить инициатором агрессии, и на востоке – с Россией, которая склонна возобновить свой военно-политический контроль над постсоветским пространством. Избежим обсуждения мотиваций ее руководства: геополитических, экономических и т.п., – ограничимся самим фактом. В случае сохранения нормальных отношений с Западом и переведения их в более конструктивные (на уровне взаимных обязательств) Украине не следует бояться посягательств со стороны Румынии – они вынырнут на поверхность, лишь если Украина как субъект международных отношений исчезнет из политической карты.

Относительно России политику вести необходимо такую же, как и с Западом, но с вынужденной ограниченностью в масштабах интеграции, которая станет результатом трудного и неудобного выбора. Румынию можно сдерживать сколько угодно (здесь наша позиция – не решающая), а вот Россия – самостоятельный игрок, который временами может «играться» почти совершенно свободно. Зависимость России от мировых экономик и политических сил существует, но она может позволить себе этим фактом демонстративно пренебречь. Играет ли тут роль «мировой беспорядок», но... В вопросах «сфер влияния» ареал бывшей Российской империи на 1914 год (за исключением Польши и Прибалтики) имеет стойкую тенденцию быть снова «подтвержденным» западными державами. В их восприятии все восточнославянское в ближайшее время будет исключительно «российским», а вся Восточная Европа от Карпат до Урала и Кавказа обозначаться на неполитических картах и в атласах как «Russia» - независимо от того, какие государства там появились.

Для сопротивления восточному соседу Украине достаточно лишь не стать новой «больным человеком Европы», каким двести и сто лет тому была Турция, или «пороховой бочкой Европы», которой дважды побывали Балканы. Хотя однозначно: не существует никакой уверенности, что Украина может стать поводом для действительно серьезного конфликта между большими мировыми «игроками». *С одной стороны – это грустно: мы не станем поводом ни для горячей, ни для холодной войны (стыдно...).* Но это является определенно отрадным фактом, который основную ответственность за судьбу страны возлагает на ее *внутреннее состояние*, - т.е. на украинских граждан, которым все и решать... Останется вопрос: способны ли украинские граждане решать свою судьбу? Итак, программа-минимум для выживания Украины как государства, как субъекта международных отношений не является весьма сложной, однако при этом остается *почти недосягаемой*. Политические ожидания половины украинского электората на выходят за пределы советской ностальгии, что обусловлено как общим старением населения (см. главу 1) и постоянным идеологическим давлением России (как правопреемника-римейка СССР) в информационной и медиа сфере.

В более широком контексте судьба Украины в будущем будет зависеть от качества отношений между Западом (в лице ЕС и США) и Россией. Сегодня продолжается процесс формирования новой европейской системы региональной безопасности, который происходит на фоне постоянно возрастающей военной активности США и их союзников в регионе Ближнего Востока, Персидского залива, вокруг Афганистана и Пакистана, а также активизации официальных и неофициальных «торгов» США с РФ относительно содержания и формы нового соглашения об ограничении стратегических наступательных вооружений. *Для Украины наиболее «интересным» будет решение относительно того, действительно ли международные отношения возвращаются к практике «сфер влияния», при которой все «вводные» скажут о том, что мы окажемся в «сфере компетенции» России в оплату за ее лояльность к реализации будущих амбиций США.*

С прагматической точки зрения, ведущие страны ЕС (Германия, Франция, Италия) имеют более всего мотиваций, лишь бы вообще «забыть» о существовании Украины и определить восточную границу Европы с «российской сферой влияния» по восточной границе Польши. Дальнейшее расширение ЕС на восток (с Украиной) в ближайшие двадцать лет может быть вызвано лишь уважительной, жизненно важной для Евросоюза причиной, которой способен стать или полный коллапс отношений с Россией, что минимизирует для ЕС экономическую мотивацию в пользу стратегической, или же мировой продовольственный кризис, связанный только с климатической катастрофой. Будем учитывать (мы же избегаем воображаемых глобальных катастроф), что для «принципиальной» ссоры ЕС с Россией поводы найти очень тяжело – весьма их контакты взаимовыгодны.

Поэтому исходим из того, что Евросоюз не очень будет протестовать против «поглощения» Украины Россией, если она не будет применять какую-то брутальную военную агрессию, а использует уже имеющиеся внутренние украинские дестабилизирующие факторы. Последние оставят для ЕС все возможные пути для сугубо «бумажной борьбы» и дипломатических отступлений с «сохранением собственного лица». Европа спокойно остановится на восточной польской границе и будет считать, что это ее естественные пределы. Правда, страны, которые имеют опыт жизни в советском блоке, не сдадутся сразу. Возможно, что преодоление перманентного внутреннего кризиса в Евросоюзе (а он чрезвычайно устраивает «старые» евродержавы вроде Германии и Франции) позволит «новой Европе» больше влиять на формирование единой позиции ЕС во внешней политике. В другом же случае (при нестабильности структуры ЕС) восточная часть блока останется под большим влиянием США, поскольку именно США сможет гарантировать ей безопасность и – не будем кривить душой – выживание на фоне возобновившейся угрозы с востока. То есть: если Евросоюз не стабилизируется и не захочет дальнейшего собственного расширения (возможно, для этого появятся непреодолимые экономические мотивации), единственным и крайне необходимым партнером восточной части ЕС и Украины в сфере безопасности будут оставаться только США.

При таких обстоятельствах произойдет переход Украины к «серой» зоне региональной безопасности Европы и дальнейшее «сползание» в исключительно российскую зону влияния в условиях отсутствия четких гарантий безопасности со стороны ведущих мировых и региональных сил. Принадлежность Украины к «серой» зоне безопасности в европейском регионе, *отсутствие реальных гарантий безопасности внешнеполитическими партнерами,* в сочетании со сложной внутриполитической и экономической обстановкой в стране, а также существующее состояние ее военной организации *объективно спровоцирует использование против Украины широкого спектра возможных средств влияния и вероятного вмешательства в ее внутренние дела заинтересованных сторон* – от политического, экономического до прямого военного давления и проведению (не исключено) даже военных операций.

Восстановление полномасштабного сотрудничества США, стран НАТО с Россией и отсутствие практических украинских внешнеполитических инициатив может привести к геополитическому размену «украинской карты» с результатами, сомнительными для суверенитета Украины.

Очевидным стало на сегодня резкое, даже критическое, уменьшение боеготовности военной организации украинского государства в условиях дальнейшего роста реальной военной угрозы как в масштабах территории Украины, так и в региональном и мировом измерениях. Рост военных затрат большинства влиятельных стран мира, развертывание в европейском регионе военных формирований нового типа (экспедиционных мобильных сил с возможностью их количественного и качественного наращивания в короткие сроки), принятие и подготовка новых военных доктрин и стратегий (Россия, НАТО, США и т.д.), реальные действия стран вокруг Украины и политические заявления их влиятельных официальных лиц (РФ, Румыния, Польша, Турция, Грузия, Азербайджан и т.п.) свидетельствуют об *объективном повышении фактора военной силы* (который стремительно продвигается к позиции ведущего) в обеспечении задач безопасности государства в регионе Восточной Европы.

Что же до возможности прямой военной агрессии со стороны России, то до конца следующего десятилетия качество ее военных мощностей будет оставаться невысоким (не следует безоговорочно доверять декларациям и пропаганде). Однако они неуклонно будут наращиваться. При этом нельзя оставлять без внимания некоторые «фоновые» события, например американо-израильскую антииранскую кампанию, когда «благожелательная» российская позиция обусловит передачу в ее «сферу» стран СНГ. Приобретает явные очертания угроза в связи с принятием в РФ законопроекта «О внесении изменений в Федеральный закон «Об обороне», который законодательно предоставляет президенту РФ возможность быстро и оперативно использовать вооруженные силы РФ за пределами российской территории. Более того, заявленное в новой редакции «Военной доктрины РФ» возможное применение тактического ядерного оружия в региональных и локальных конфликтах может активно использоваться в качестве инструмента сдерживания НАТО, шантажа и запугивания соседних стран.

Как ни странно, российские эксперты и аналитики при том отмечают возрастающие тенденции ослабления России с дальнейшими вероятными экономическими и политическими катаклизмами для страны. Однако, при любых вариантах, при ведении войны обычными вооружениями шансы на легкую победу над Украиной выглядят иллюзорными (а политическая «цена» такой военной кампании для самой России будет весьма высокой), – разве что планы перевооружения украинской армии останутся целиком нереализованными. Избежать последнего можно или при стабильном повышении расходов на оборону до 2 % бюджета (что маловероятно, учитывая его перманентный социально-популистский характер), или при условии вхождения Украины в военный союз – НАТО (что существенно облегчило бы поддержание обороноспособности или и целиком решило эту проблему самым фактом).

Учитывая неоднозначное общественное отношение ко вступлению в Североатлантический альянс, которое будет сохраняться при дальнейшем существовании современной партийно-политической системы и технологического характера политических проектов, Украина скорее всего будет просто доводить сотрудничество с этим блоком до такого уровня, когда вопрос официального членства просто станет формальностью. Однако этот вариант действий может происходить лишь при условии *прагматического понимания* (пусть даже скрытого) реальных интересов страны административной верхушкой государства, независимо от смены коалиций и кабинетов. И, что существенно, - желания ее независимости. Проблема в том, что этот процесс будет требовать той преемственности в соблюдении стратегических решений, которая априори отсутствует в украинском политикуме.

Имея перед собой консолидированную позицию украинской власти и явного иного внешнего союзника Украины (ЕС или США), Россия не будет применять силового сценария. Но возможны и вполне рентабельны более «мягкие» варианты. В ситуации продолжительной внутриполитической слабости Украины восточный сосед может осуществить, например, просто легкую покупку части ведущих политических игроков, а через их посредничество и стратегических экономических ресурсов Украины: газотранспортной системы, ведущих банков, основных предприятий энергетики, металлургии и оборонной индустрии. Эта альтернатива возможна, если политический класс Украины сохранит отношение к суверенитету как к бизнес-ресурсу, который просто имеет свою цену для продажи. Тогда можно легко обойтись без криминологических предположений о «коварной руке России» и «пятой колонне». Украинский суверенитет окончится.

Для Запада в подобных обстоятельствах надежным формальным оправданием невмешательства (а нужно ли оно?) может остаться «украинская демократия», которая близка к демократическим стандартам лишь во внешних проявлениях демократической процедуры (выборах), но противоречит убеждениям части населения и далека от системного демократического правосознания. *Без внешней поддержки в Украине наличие лишь одного элемента демократической системы дает больше шансов легитимно устранить элементы демократии, чем со-*

хранить основания для ее развития. Последнему сценарию внешняя поддержка уже обеспечена в лице России, руководство которой активно экспортирует в свое окружение практику т.н. «управляемой» или «суверенной демократии». К сожалению, нынешняя официальная идеология России не содержит «экологических ниш» для признания де-факто суверенитета бывших владений империи – если на эти территории не претендует иная сила.

Если же на мировой шахматной доске Запад вернет России ее «традиционную сферу влияния», а в самой Украине сохранится наивно прозападная администрация, то возможен вариант «ограниченного силового сценария» со стороны России: он не будет иметь характера широкомасштабной агрессии, но достигнет тех же стратегических целей значительно меньшими средствами. Потом победителей не будут судить. Россия также может еще более «экономно» применить стратегию *«Soft power»* («мягкой силы»), суть которой сводится к влиянию одного государства на поведение и интересы других политических образований косвенным образом - через культурные и идеологические средства. «Мягкая сила» выделяет более тонкие, «деликатные» эффекты влияния, которые достигаются через культуру, церковь, ценности и распространяемые через СМИ идеи, в отличие от «прямых» и брутальных средств влияния на статус соседних государств, - таких как военные действия и экономические средства влияния (что называют «жесткой силой»).

Очевидной хронологической «планкой» решения основных украинско-российских противоречий станут годы перед 2017[3] – датой вывода Черноморского флота с украинской территории. Роль Черноморского флота РФ является не военной (в этом смысле он совершенно декоративен), а политической, обеспечивая фактом своего присутствия в Крыму постоянное идеологическое влияние России на нестабильный регион, и некий «запасной», потенциальный рычаг для возможного силового сценария передела «украинского наследства». Поэтому обстановка в

---

3   *От редакторов:* Харьковские соглашения 2010 г. отнюдь не снимают актуальность проблемы Черноморского флота РФ. Нет никаких гарантий, что другая политическая сила, придя к власти, не денонсирует соглашение под предлогом его неконституционности. Поэтому рано снимать дату «2017».

Крыму станет ключом к будущему Украины как суверенного государства в нынешних территориальных границах. За годы независимости Киев показал свою неспособность (за исключением урегулирования ситуации в 1992 г.) контролировать и корректировать социальную и этническую ситуацию на полуострове. Тем временем она аккумулирует в себе ряд конфликтов, которые и могут стать наиболее банальным поводом для вмешательства России в украинские внутренние дела. Если уж отказаться от стратегии «мягкой силы», то для «жесткой» подойдет как повод исключительно Крым. Заведение в тупик социальных проблем крымских татар, непрозрачность земельной политики в АРК создают питательную почву для образования радикальных политических течений, вероятно исламско-фундаменталистского характера, которые отстранят от руководства национального крымскотатарского движения умеренные силы.

При возможной негласной внешней поддержке (в том числе со стороны России) ситуация дойдет до межэтнического противостояния, актов насилия, погромов и террористической деятельности. Пророссийская «пятая колонна» (политические сепаратистские силы полуострова при поддержке населения) обратится – возможно, на официальном уровне Верховного Совета АРК – за помощью к Российской Федерации и ее Черноморскому флоту. Россия осуществит «антитеррористическую операцию», которая будет сопровождаться привычными этническими чистками и изгнанием мусульманского населения. Декларативно это будет обусловлено «защитой соотечественников», поскольку «киевская власть не способна контролировать ситуацию на полуострове». Если к тому времени Европейский Союз существенно не диверсифицирует источники поставки энергоресурсов, то он негласно согласится с ограничением территориальной целостности Украины и ее суверенитета – из соображений экономической стабильности. В случае жесткой позиции США и НАТО российскую агрессию придется ограничить Крымом, но конфликт не будет разрешен – он лишь законсервируется (как приднестровский). Конечно, если на тот момент Украина станет членом НАТО, подобный сценарий не возможен в принципе, но шансы на будущее членство остаются незначительными.

Описанный вариант развития событий вероятен лишь при условии дальнейшей неэффективности центральной киевской власти и продолжительности политического противостояния, которое делает невозможным достижение единства позиции государства относительно защиты своей территориальной целостности. При сохранении на наивысшем уровне политического влияния пророссийских сил развитие ситуации может привести к провозглашению автономии юго-восточных регионов и перехода их под российский протекторат. Невозможность действенного военного отпора и отсутствие единства политических сил Украины сделают ее Вооруженные силы неуправляемыми, что позволит России ввести свои войска через сухопутную границу до Днепра. Другие соседние страны (Румыния, Польша) будут вынуждены «для контролирования ситуации» ввести, в свою очередь, собственные «миротворческие подразделения», которые в дальнейшем будут контролировать определенные части украинской территории. Повторится история раздела «украинского наследства» между соседями. Международные гарантии территориальной целостности и суверенитета Украины, как и сейчас (*вспомним Будапештский протокол 1992 года, когда со стороны США и России давались гарантии безопасности Украины в обмен на ее отказ от ядерного оружия*), останутся декларациями, и украинская государственность прекратит свое существование в нынешней форме.

Авторитарный сценарий

В предыдущих оценках мы исходили из того, что политическая система Украины в дальнейшем будет сохранять нынешние черты парламентской демократии. Однако продолжительная политическая нестабильность, разочарование граждан в демократической процедуре могут сформировать общественный заказ на «твердую руку» – и повернуть развитие страны в русло авторитарного сценария. Для этого необходимо, чтобы кто-то из политических лидеров, популярность или харизматичность которого будет «достаточной», решился разрушить тот консенсус в среде правящего класса, который имеется сегодня. При невозможности осуществить конструктивные конституционные изменения, направленные на увеличение эффективности ветвей власти, может возникнуть соблазн установить авторитарный режим под поводом разрешения перманентного политического кризиса.

Наиболее удобно совершать это, уже владея президентскими полномочиями по контролю силовых структур, поскольку тогда можно без заметного применения силовых методов «обратиться к народу», инициировать референдум относительно увеличения полномочий главы государства. Формальные признаки демократии будут сохранены, но Верховная Рада превратится в «карманный орган», который механически будет утверждать уже принятые лидером решения. На выборах победит провластная партия, а несколько мелких политических движений останутся для имитации плюрализма.

Единственным, в каком-то смысле положительным вариантом авторитарного сценария может быть «голлистский вариант»: когда конструктивные силы общества, гражданские инициативы будут консолидированы и привлечены для модернизации страны, системных реформ, а деятельность власти не будет иметь репрессивного характера. Тогда, после переходного периода радикальных изменений и оздоровления общества, демократический характер политического режима может быть восстановлен и наполнен конструктивным содержанием. Однако такой вариант является маловероятным, и если авторитарный сценарий в Украине реализуется, то это будет скорее всего *популистский олигархический режим*, который осуществит очередное перераспределение собственности, проведя ряд показательных процессов над «коррупционерами» или «олигархами» из лагеря политических противников и подкупая граждан интенсивными социальными подачками. Такая политика не изменит негативных тенденций в развитии общества и экономики.

Вопреки стремлению сохранить внешнюю видимость демократии, этот режим окажется в международной изоляции (бесспорно, со стороны Запада) и повторит путь режима Лукашенко в Беларуси. В этом случае Украина безальтернативно окажется в орбите российского влияния, а украинская власть станет заложником отношения к себе Кремля, который и без силового сценария достигнет реализации своих внешнеполитических планов по созданию «союзного государства» или «контроля традиционных сфер влияния». Поэтому авторитарный сценарий мы считаем одним из пессимистических вариантов – он тоже приведет к потере государственного суверенитета, - хотя, возможно, с сохранением нынешних административных границ (т.е. территориальной целостности) Украины. Однако тогда останется лишь вопросом времени момент утраты украинской идентичности, который приведет к растворению этого административного образования в новом российском «евразийском пространстве».

Оптимистичный сценарий: евроатлантическая фантазия

Конечно, может показаться, что выше (в реалистично-инерционном сценарии) мы очертили очевидный «замкнутый круг»: объективные социально-демографические процессы, имеющиеся тенденции распространения социальных болезней и социально негативных явлений неотвратимо ведут нашу страну к стагнации и деградации. Но исторический опыт системных реформ в разных странах мира свидетельствует о возможности сдерживания и преодоления кризисных явлений. Однако предпосылкой для этого должно быть наличие *политической воли и единства позиции правящего класса* в приоритетных вопросах развития страны. *Корни нынешних украинских общественных проблем лежат именно в политической плоскости.*

Есть основания говорить о том, что необходимые сдвиги могут произойти лишь при смене поколений политической элиты, – потому что основные политические фигуры и акторы сегодняшнего дня неспособны подняться над ситуацией и дать адекватную оценку состояния страны и неутешительным перспективам ее безопасности. Однако пока что трудно утверждать, кто из политических фигур «младшего возраста» и «второго эшелона» современного политического истеблишмента ментально отличается от «старших товарищей». Но, поскольку мы должны представить себе «оптимистичный сценарий», – попробуем представить, хотя он – как заявлено в названии – *будет всего лишь фантазией…*

Одним из вариантов мог бы стать политический проект, альтернативный нынешней «двупартийной системе». Вследствие перманентного политического кризиса и паралича центральной власти в социально и политически активной части общества вызревает стремление создать *идеологический политический проект*, который бы принципиально отличался от уже дискредитированных и дал бы надежду на возможность реальных изменений. Такой проект должен основываться на ином, открытом принципе партийного строительства – в отличие от существующих диктата руководства политических движений и закрытых партийных списков. Это бы дало возможность привлечь к проекту активную часть общественности, движение могло бы получить новое «лицо», поскольку «нынешние привычные» гражданам уже надоели и целиком дискредитировали себя. Идеологический характер этого движения позволил бы ему *перейти границы устойчивых электоральных регионов*, но территориальной основой для его развертывания стал бы, вероятно, Центр и Восток страны (без Донбасса, Крыма и Запада) – именно там (в «середине») конструктивный социальный ресурс остается наименее использованным, а мировоззренческие ориентации населения еще можно изменить. Если бы этому политическому движению удалось избежать в своем распространении четкого размежевания на «восток-запад», его миссия получила бы более всего шансов на реализацию. Соответственно, его социальной базой стали бы наиболее активные представители малого и среднего бизнеса, молодые средние прослойки. Обычная опора новых политических проектов сразу на ресурсы определенной финансово-промышленной группы («клана» или определенного «олигарха») обычно задает быстрый старт, но ограничивает распространение, поэтому диктата одного «спонсора» необходимо избегать. Исходным принципом политической деятельности должна была бы стать готовность к продолжительному политическому планированию *на две или три будущие избирательных кампании* – с целью постепенной аккумуляции электорального ресурса благодаря соблюдению стойких мировоззренческих и политических приоритетов, формированию доверия избирателей, подготовке гражданских кампаний, систематической работе с молодежью. *Такое движение должно быть готовым начинать с доктринально оппозиционной позиции.*

В условиях нынешней политической системы первым успешным шагом этого движения может быть получение позиции «третьей силы» в парламенте с соответствующей «золотой акцией» при формировании коалиции (при сохранении современного проходного процентного барьера на выборах в парламент). Позиция принципиального «третьего меньшего» между двумя ведущими популистскими силами содержит в любом случае больше потенциальных политических дивидендов, чем сегодняшнее участие в ситуативном большинстве. Активизация социального ресурса, конечно, дает потенциально больше возможностей – сравнительно с нынешним временным владением властными позициями. Такое движение способно уравновесить *региональную мировоззренческую (сугубо технологическую) поляризацию*, создав стабильный «центр» и перевесив весы в пользу осуществления стратегических реформ.

Однако наиболее очевидным препятствием на пути реализации такого проекта является пассивность общества, разочарование, неверие в собственные силы и в возможность лучших перспектив, недоверие граждан ко всем представителям политического истеблишмента, зависимость малого и среднего бизнеса от коррумпированной власти на всех уровнях, которая, по понятным причинам, будет стремиться уничтожить любые политические альтернативы в зародыше. Тем более, такой проект не будет предоставлять его инициаторам перспектив для получения быстрых властных или экономических дивидендов. «Идеализм» или «идеология» требуют значительно более долгосрочных инвестиций, чем сугубо технологические проекты, рассчитанные на ближайшие выборы.

Другой возможностью для Украины выйти из тупика могут стать лишь взаимные уступки основных политических акторов ради достижения консолидированной политической позиции относительно будущего страны и перенесения идеологической конкуренции «этажом ниже» – на конкретные варианты действий в пределах общей парадигмы. Следствием станет образование «широкой коалиции», которая позволит изменить Конституцию Украины, четко разграничив в ней полномочия ветвей власти. В этом случае не является принципиальным то, как именно будут распределены полномочия, поскольку проблема состоит не в характере Основного закона государства, а в том, *работает он или нет*. В любом случае необходимо будет вернуться к мажоритарной системе формирования местных органов власти, чтобы высвободить местные конструктивные социальные ресурсы. Первой консолидированной позицией должно стать определение внутренне- и внешнеполитических приоритетов – исходя из соображений национальной безопасности. Этот вопрос не оставляет альтернативы необходимости вхождения Украины в определенную систему коллективной безопасности – учитывая факт объективной угрозы со стороны России. План действий относительно членства в НАТО, который сам по себе не является критическим условием членства, будет необходимым, потому что он будет предусматривать комплекс реформ в военной и общественной сфере – тех, на которые украинский правящий класс не способен при условиях самодостаточности.

Жесткий комплекс внешних обязательств является необходимым, поскольку других стимулов к системным реформам в стране не существует. Однако этот вариант развития («широкая коалиция») является наименее вероятным. Очевидно, что до 2020 года Украина не станет членом ЕС, даже если подкрепит это свое стремление общенациональным консенсусом. Препятствием на этом пути станет продолжительный внутренний кризис Евросоюза, который сам не способен достичь консенсуса собственных членов в вопросах развития наднациональных учреждений и внешней политики. К наиболее острым экономическим проблемам ЕС последних лет относится рост дефицитов государственных бюджетов стран-членов и уровня безработицы (это говорит о внутренних экономических конфликтах), не говоря уже об объективном нежелании «старых евродержав» сокращать свое политическое влияние на формирование общей «европозиции». Поэтому определяющими в политике ЕС на востоке останутся прагматические позиции руководящих континентальных стран (Германии, Франции, Италии), а восточноевропейские симпатики Украины (Польша, страны Балтии) будут оставаться в ситуативной оппозиции.

Единственным весомым толчком к приему Украины в Европейское сообщество может стать лишь осознание последним такой стратегической угрозы со стороны России, которая перевесит скромный комфорт надежных энергопоставок, – или же на это повлияет ситуация новой глобальной нестабильности.

Однако, ориентируясь на общественные стандарты ЕС, Украина может начать преодолевать внутренние социальные нелады, а именно: реформировать систему здравоохранения, социальные службы, правоохранительные структуры, судебную систему, армию, стремясь при этом преодолеть негативное системное влияние всеохватывающей коррупции. Реформа судов и правоохранительных органов станет основным залогом улучшения инвестиционного климата и изменения пессимистического отношения общества к проблемам социальной справедливости. Параллельно с этим преодоление кризисной ситуации относительно социальных болезней (эпидемии туберкулеза и ВИЧ/СПИДа, алкоголизма и наркомании), образовательная реформа в направлении приспособления к реальным нуждам общества позволят спасти трудовые ресурсы страны от деградации. Поддержка общественных организаций и налаживание их партнерских отношений с государством позволит эффективно аккумулировать социальный капитал. Изменение общественного самоощущения к лучшему, рост доверия к государству и власти будут формировать здоровую социальную среду и будут консолидировать граждан вокруг конструктивных ценностей. Такое состояние вещей будет содействовать или достижению соглашения с ЕС относительно реальной перспективы членства Украины в этой структуре, или позволит Украине (в зависимости от состояния самого ЕС) в нее не вступать, ограничившись тесным ассоциированным сотрудничеством.

При таком развитии событий будут осуществлены необходимые шаги для законного прекращения антигосударственной деятельности ряда сепаратистских организаций в Крыму и на востоке страны. Из вышеизложенного становится очевидным, что наиболее критическим для политического истеблишмента при выборе пути развития страны станет осознание реальности российской угрозы суверенитету Украины, поскольку пророссийская позиция остается одним из самых важных действующих факторов технологического конфликтного манипулирования украинским электоратом. Поэтому отказ руководящих политических сил от ориентации на Россию станет ключевым вопросом выживания украинского государства. Конечно, наиболее удобной для Украины была бы дружеская (или хотя бы конструктивная) позиция России – наибольшего торгового партнера и неизменного исторического соседа, но непреложным фактом настоящего является то, что существование суверенной Украины отрицается Российской Федерацией если не де-юре, то де-факто. Это - суровая и неприятная реальность, которая не оставляет Украине других альтернатив, кроме ориентации на военно-политический союз с Западом.

По оптимистичному прогнозу, новое языковое законодательство учтет практические рекомендации экспертов относительно приоритета развития украинского языка и защиты языков меньшинств, а языковый вопрос перестанет использоваться в политической пропаганде в масштабах государства (при том, что локальных языковых конфликтов избежать будет невозможно – но необходима будет рамочная легитимная схема их разрешения). Информационное пространство страны станет контролируемым благодаря соблюдению действующего законодательства и четкому регулированию, основанному на приоритете национальных интересов. Будут осуществлены программы государственной поддержки национального культурного продукта, создано общественное телевидение, которое будет формировать мировоззренческое единство общества в пределах конструктивного понимания украинской гражданской идентичности. Государственная поддержка отечественного кино- и телепроизводства позволит создавать сериалы (прежде всего) и фильмы на украинскую тематику, осветив в частности ряд принципиально важных исторических сюжетов. Пока что украинцы не могут даже визуально себе представить собственных исторических предшественников, оставаясь в пределах советско-российского, т.е. идеологически тоталитарного видения прошлого. Льготы для украинской книжной продукции позволят исправить заведомо проигрышные позиции отечественного издателя. Будут осуществлены весомые инвестиции в продолжительную культурную стратегию мировоззренческой внутренней интеграции Украины, формирование национально-гражданской идентичности, которая будет требовать реализации долгосрочной гуманитарной стратегии. Последняя должна была бы учитывать специфику всех возрастных категорий населения и сложившихся историко-культурных регионов.

Показателем политической воли украинской власти к реформированию страны станет оздоровление ситуации в Крыму – наиболее проблемном регионе страны. Урегулирование вопроса по распределению земель и компенсационных мер для крымско-татарского сообщества определят четкую государственную политику в сфере межэтнических взаимоотношений и собственности. Учет опыта других стран по созданию работающей туристической инфраструктуры создаст новые перспективы для региона и, особенно, для Севастополя в условиях преобразования города из военной базы в курорт. Налаживание постоянного и интенсивного экономического и военно-политического сотрудничества с Турцией обезопасит регион от вспышки исламского радикализма. Создание в Крыму филиалов ведущих украинских университетов, ориентированных на европейские стандарты образования, создаст условия для нормального социального и образовательного роста крымской молодежи. В результате это изменит в положительную сторону отношение регионального сообщества к украинской государственности, лишив в перспективе полуостров статуса украинских «Судетов».

Но, к сожалению, мы вынуждены резюмировать, что данный вариант развития Украины является *наименее вероятным*. Впрочем, всегда остается надеяться на то, что «прогнозы дело неблагодарное»...

СПИСОК ОСНОВНЫХ ИСТОЧНИКОВ

Annual Energy Outlook 2002 with Projections to 2020, International Energy Outlook worldwide energy projections to 2025. – http://www.eia.doe.gov/bookshelf.html – Energy Information Administration – EIA (Сайт Администрации Энергетической Информации США.

European health for all database (HFA-DB) [Електронний ресурс]. - Доступно з: http://www.euro.who.int/hfadb.

Foresight 2020 – economic, industry and corporate trends – CISCO systems & The economic intelligence unit, 2006. – http://tools.cisco.com/dlls/tln/page/research/detail/rs/2006/2020foresight – Компанії, що проводять міжнародні дослідження.

GFATM Sixth Call for Proposals – Ukraine: HIV/AIDS Proposal "Support for HIV and AIDS Prevention, Treatment and Care for Most Vulnerable Populations in Ukraine."- Kyiv, 2006.

http://web.worldbank.org – сайт Світового банку.

http://www.digitalcenter.org/pdf/2007-Digital-Future-Report-Press-Release-112906.pdf - Center for the digital future.

http://www.telekritika.ua/news/2008-02-07/36356- Телекритика, український інформаційний проект.

http://www.uf.org.ua – «Український форум», громадська організація. Програма діяльності Уряду України «Український прорив: для людей, а не політиків»

http://zakon.rada.gov.ua/cgi-bin/laws/main.cgi?nreg=n0001120-08 – Офіційний веб-сайт Верховної ради України.

Report of the committee on India Vision 2020 – http://planningcommission.nic.in/plans/planrel/pl_vsn2020.pdf – Planning commission goverment of India site (Комісія з планування уряду Індії).

Smith A., Lee R. The Internet and the 2008 election. Washington, DC., 2008.

Socioeconomic Impact of HIV/AIDS in Ukraine: Report of research conducted by WB and International HIV/AIDS Alliance in Ukraine. – Kyiv, 2006. – Available from: http://www.worldbank.org/ua/aidsstudy.

Strategia Rozwoju Kraju 2007-2015. – http://www.mrr.gov.pl/srk/ – Ministerstwo Rozwoju Regionalnego (сайт Министераства регионального развития Республики Польша).

World Factbook – http://cia.gov – Веб-сайт Центрального розвідувального управління США. Online World As Important to Internet Users as Real World? –

Аналітичний звіт за ключовими результатами досліджень щодо відповіді країни на епідемію ВІЛ/СНІД і рекомендації для вироблення программ/ Бочкова Л. та ін.. - К.: Міжнародний Альянс з ВІЛ/СНІД в Україні, 2005.

Антонович М. Україна в міжнародній системі захисту прав людини. – К: Видавничій дім «КМ Academia», 2000.

Антошкіна В. К., Мурзін В. Ю. Роль юристів та правоохоронців у збереженні культурно-історичної спадщини: Навч.-метод. посіб. — Донецьк: ТОВ «Юго-Восток, Лтд», 2007.

Батьків не обирають... (проблеми відповідального батьківства в сучасній Україні). – К.: А.Л.Д., 1997. – 144 с.

Бега А. Громадський нагляд за державною політикою з ВІЛ/СНІД в Україні: Цикл звітів про політику у сфері ВІЛ/СНІД у В'єтнамі, Нікарагуа, Сенегалі, Сполучених Штатах Америки й Україні. - К., 2007.

Беллами Керол. Положение детей в мире, 2000 г. / Детский фонд ООН. – (UNICEF), 2000. – 117 с.

Боротьба проти використання праці дітей: Пер. з англ. / Заг. ред О. П. Петращук. – К.: "Пульсари", 2002. – 148 с.

Боцяновский В. Исторический очерк деятельности Российского Красного креста: Антология социальной работы. – М., 1994. – 386 с.

Визначення ефективності проведення інформаційних кампанії щодо розвитку інтегрованих соціальних служб. - К., 2007.

ВІЛ-інфекція в Україні: Інформаційний бюлетень/ МОЗ. - № 25. - К., 2006.

Головаха Є., Горбачик А., Паніна Н. Україна та Європа: результати міжнародного порівняльного соціологічного дослідження. – К.: Інститут соціології НАН України, 2006. – 256с

Діти, які живуть з ВІЛ / О.Балакірєва, М.Рябова, В.Юцевич.– К.: Державний ін-т проблем сім'ї та молоді, 2003.– 16 с.

Дмитренко М. І. , Тропін М. В., Власов П. О. Попередження насильства в сім'ї: Методичні рекомендації. – Дніпропетровськ: Дніпропетр. юрид. ін-т МВС України, 2001. – 56 с.

Долгосрочный прогноз развития экономики России на 2007 – 2030 гг. (по вариантах). – Российская академия наук. Институт народнохозяйственного прогнозирования. – М., 2007.

Дынкин А. Мировая экономика: Новая логика роста // Ведомости. – 2007. – № 116. – 27 июня.

Європейська інтеграція України: поточна ситуація, завдання та пріоритети державної політики / Національний інститут стратегічних досліджень. К., 2010.

Задорин И.В. Информационное воздействие СМИ и изменение электоральных ориентаций: анализ зависимости. – М., 2000.

Збірник „Методологія та технологія виміру рівня поширення куріння, вживання алкогольних напоїв та наркотичних речовин серед учнівської молоді України (на прикладі Європейського опитування учнівської молоді (ESPAD) в 1995, 1999, 2003 роках)". К., 2004.

Зимбардо Ф., Ляйппе М. Социальное влияние.- СПб., 2001.

Знайти себе: життєві історії випускників інтернатів.- К.: Український ін-т соціальних досліджень, 2001

Казахстан 2030. Процветание, безопасность и улучшение благосостояния всех казахстанцев. http://www.ntu.kz/index.php?lang=ru&id=110 – Казахский национальній технический университет им.Сатпаева.

Кастельс М. Информационная эпоха. – М., 2000

Кеплер В. Одна дитина з чотирьох, або що необхідно знати професіоналу в роботі з дітьми – жертвами сексуального насильства. – К.: Всеукр. комітет захисту дітей, Київський науковий центр сексології, 1997. – 224 с.

Костенко Н.В. Ценности и символы в массовой коммуникации. К., 1993.

Котигоренко В. Етнічні протиріччя і конфлікти в сучасній Україні: політологічний концепт. – К.: Світогляд, 2004. – 458с.

Котигоренко В. Мовний аспект державної етнополітики в Україні // Стратегічні пріоритети: науково-аналітичний щоквартальний збірник Національного інституту стратегічних досліджень. – К., 2007. – № 2(3). – С. 137–146.

Кракович Д. Проигрывает ли Украина в информационной войне на своей территории? // http://dialogs.org.ua/project_ua_full.php?m_id=9802).

Крос К., Р.Гакет Р. Політична комунікація і висвітлення новин у демократичних суспільствах. Перспективні конкуренції. – К., 2000

Кумулятивна кількість випадків ВІЛ-інфекції, випадків СНІД, смертних випадків (з 1987 року) // Веб-сторінка Міжнародного Альянсу ВІЛ/СНІД в Україні. – Доступно з: http://www.aidsalliance.kiev.ua

Лазарсфельд П., Мертон Р. Массовая коммуникация, массовые вкусы и организованное социальное действие.// Хрестоматия. Назаров М.М. Массовая коммуникация.- М., 2002.

Лебедев О.Е., Майоров А.Н., Золотухина В.И. Права ребёнка и его активность // Школьные технологии. – 2000. – № 5.– С. 32–58.

Лемак В. Програма уряду потребує доопрацювання // Дзеркало тижня, №3(682). 26 січня — 1 лютого 2008 р.

Луман Н. Реальность массмедиа. – М., 2005.

Магда Є, Смола Л. Інформаційно-психологічна безпека: аспекти трансформації. – К., 2009.

Макеев А.В. Политологические аспекты обеспечения безопасности./ http: // www.ksdi.ru/ polittec/ 2000_14/ makeev.htm

Максимова Н. Ю., Мілютіна К. Л. Соціально-психологічні аспекти проблеми насильства. – К.: Комітет сприяння захисту прав дітей, 2003. – 344 с.

Манойло А.В., А.Петренко А.И., Д.Фролов Д.Б. Государственная информационная политика в условиях информационно-психологической войны. – М., 1999.

Матвієнко В. Соціальні технології. – К., 2003.

Матеріали науково-дослідної роботи „Моніторинг догляду та утримання ВІЛ-інфікованих дітей та дітей-сиріт внаслідок СНІД". К., 2004.

Матеріали проекту «Гармонія». Визначення. «Олександра Хаус», г. Блэйн, Миннесота, США. – К., 2000.

Мейтус В., Мейтус В. Массы, движения, революции. – К., 2008.

Мировая экономика: прогноз до 2020 года. – М., 2007.

Моніторинг поведінки молоді як компонент епіднагляду другого покоління / Балакірева О. М., Галустян Ю. М., Дікова-Фаворська Д. М., Дмитрук Д. А., Сосідко Т. І., Мельниченко В. І., Яременко О. О. – Київ: МБФ «Міжнародний Альянс з ВІЛ/СНІД в Україні», 2005.

Морально-етичні імперативи та розважально-рекреаційна сфера в сучасному українському суспільстві / Алексєєва А. В., Бондар Т. В., Галустян Ю. М., Нельга Т. О., Новицька В. П., Цимбалюк Н. М., Яременко О. О.– К.: Державний інститут проблем сім'ї та молоді, 2005.

Національна V та VI періодична доповідь про виконання положень Конвенції План дій „Світу, сприятливого для дітей", прийнятого спеціальною сесією Генеральної Асамблеї ООН в інтересах дітей у 2002 р. К., 2007.

Опросы «Интернет в России/Россия в Интернете»// Фонд «Общественное мнение». 2007. Вып.19.

Оцінка ефективності програми Представництва ЮНІСЕФ в Україні «Здоров'я та розвиток молоді». – К., 2001.

Павленко П., Семигіна Т. Чинники, що впливають на політику охорони здоров'я у сфері профілактики ВІЛ/СНІДу і контролю за його поширенням // Соціальна політика і соціальна робота. - 2006. - №2.

Періодична доповідь України Комітету ООН з прав дитини про виконання Факультативного протоколу до Конвенції про право дитини щодо торгівлі дітьми, дитячої проституції і дитячої порнографії. К., 2006.

Петрик В.М., Остроухов В.В. Сучасні технології та засоби маніпулювання свідомістю, ведення інформаційних війн і спеціальних інформаційних операцій: Навч. посібник. – К., 2006.

План дій „Світу, сприятливого для дітей", прийнятого спеціальною сесією Генеральної Асамблеї ООН в інтересах дітей у 2002 році (2007)

Попов В.Д. Социально-психологические законы и социальный психоанализ. В кн.: Имидж госслужбы. – М.. 1996.

Постанова КМУ від 4 березня 2004 року № 264 «Про затвердження Концепції стратегії дій уряду, спрямованих на запобігання поширенню ВІЛ-інфекції/СНІДу, на період до 2011 року та

Національної програми забезпечення профілактики ВІЛ-інфекції, допомоги та лікування ВІЛ-інфікованих і хворих на СНІД на 2004-2008 роки".

Потятиник Б. Медіа: ключі до розуміння. – Л., 2004.

Права жінок у сучасному світі / За ред І. М. Пінчук, С. В. Толстоухової. – К.: УДЦ ССМ, 2000. – 112 с.

Правова охорона культурної спадщини. Нормативна база: Зб. документів (2-ге вид.) /Авт.-упоряд.: М. Є. Левада, М. Т. Пархоменко, О. М. Титова. – К.: Видавництво ХІК, 2006. – С. 471.

Практика фінансового забезпечення дітей-сиріт та дітей, позбавлених батьківського піклування, які знаходяться під опікою/ піклуванням, у прийомних сім'ях, ДБСТ та інтернатних закладах /під редакцією Л.Смоли. К., 2006.

Причини інституціалізації і майбутнє молодих людей, які залишають заклади державної опіки. К., 2001.

Проблеми насильства в сім'ї: правові та соціальні аспекти / Упоряд. О. М. Руднева; наук. ред. А. П. Гетьман. – Харків: Право, 1999.

Прогноз развития Индии до 2020 г – http://www.nir-ran.ru/club/pr/detail.php ?ID=2149, сайт Национального института развития РАН РФ.

Програма стратегічного розвитку України «Український прорив. До справедливої і конкурентоспроможної країни» / Персональний сайт Юлії Тимошенко // http://www.tymoshenko.com.ua/ukr/exclusive/ documents/4346/.

Проект Національного плану дій з реалізації Конвенції ООН про права дитини". К., 2005.

Расторгуев С.П. Информационная война. – М., 1998.

Результати досліджень агентства iKS-Consulting./ http://zmi.com.ua – український інформаційний портал.

Рейнгольд Г. Умная толпа: новая социальная революция. – М., 2006.

Риторика та ризик. Порушення прав людини перешкоджає боротьбі України з ВІЛ/СНІДом // Звіт організації "Нагляд за правами людини". – Березень 2006 р. – Доступний з: http://www.hrw.org.

Родинно-сімейна енциклопедія / За заг. ред. Ф.С. Арвата. Авт. кол. В. М. Благін, Н. І. Бєлкіна та ін.. – К.: Богдана, 1996. – 438 с.

Саєнко Ю.І. Стан суспільства та динаміка його змін // Українське суспільство на порозі третього тисячоліття. – К., 1999.

Сердюк О. Українські об'єкти в попередньому Списку всесвітньої спадщини // Вісник Українського комітету ICOMOS. – Т. І. – Ч. 1. – К., 2007. – С. 39.

Скривджені діти. Аналіз проблеми / За ред. В. Г. Панка. – К.: Ніка-Центр, 1997.

Скробов А.П. О некоторых новых подходах к молодежной политике в условиях реформ // Социально-политический журнал. 1998. № 3.

Смола Л. Інформаційно-психологічний вплив в суспільній взаємодії // Наукові праці. Серія філософовська. ЛНУ ім. І.Франка, 2008.

Смола Л. Роль ціннісної системи у протидії інформаційно-психологічному впливу.// Збірник наукових праць КНУ ім. Шевченка, 2008.

Соловьев А.И. Политический облик постсовременности: очевидность явления // Общественные науки. - 2001. - №5.

Соціокультурні ідентичності та практика. – К., 2002.

Стратегия «Казахстан-2030» на Новом этапе развития Казахстана. Часть I, Часть II – http://www.ozkemen.kz/files/.

Стратегія економічного і соціального розвитку України (2004–2015 роки) «Шляхом європейської інтеграції». – К., 2004 – 416 с.

Трансформація державної системи інститутів піклування про дитину в Україні. К., 2001

Україна. Цілі розвитку тисячоліття // сайт Всеукраїнської екологічної неурядової організації «Мама–86» // http://www.mama-86.org.ua/files/ukraine2000.pdf.

Україна–2010 / Національний інститут стратегічних досліджень // http://www.niss.gov.ua/book/journal/Ukr2010.htm;

Україна як соціальна держава. Гасло для політичної конкуренції чи шлях для солідаризації держави / Національний інститут стратегічних досліджень. К., 2009.

Україна в 2005-2009 рр.: стратегічні оцінки суспільно-політичного розвитку / Національний інститут стратегічних досліджень. К., 2009.

Українське суспільство. 1992–2006 рр. Соціологічний моніторинг / Національна академія наук України. Інститут соціології. – К., 2006. – 496с..

Филатов В. Мировое здравоохранение. Состояние, оценки, перспективы // http://www.strana-oz.ru/?numid=29&article=1235.

Чугунов А.В. Исследования Интернет аудитории: мировой и российский опыт. – М., 2006.

Шульга М. Симптоми фрагментації суспільства (замість післямови) // Українське суспільство1992–2007. Динаміка соціальних змін / За ред. В. Ворони, М. Шульги. – К.: Інститут соціології НАН України, 2007.

Э.Аронсон, Э.Пратканис. Эпоха пропаганды: Механизмы убеждения, повседневное использование и злоупотребление. – М., 2002.

SOVIET AND POST-SOVIET POLITICS AND SOCIETY

Edited by Dr. Andreas Umland

ISSN 1614-3515

1   Андреас Умланд (ред.)
     Воплощение Европейской
     конвенции по правам человека в
     России
     Философские, юридические и
     эмпирические исследования
     ISBN 3-89821-387-0

2   Christian Wipperfürth
     Russland – ein vertrauenswürdiger
     Partner?
     Grundlagen, Hintergründe und Praxis
     gegenwärtiger russischer Außenpolitik
     Mit einem Vorwort von Heinz Timmermann
     ISBN 3-89821-401-X

3   Manja Hussner
     Die Übernahme internationalen Rechts
     in die russische und deutsche
     Rechtsordnung
     Eine vergleichende Analyse zur
     Völkerrechtsfreundlichkeit der Verfassungen
     der Russländischen Föderation und der
     Bundesrepublik Deutschland
     Mit einem Vorwort von Rainer Arnold
     ISBN 3-89821-438-9

4   Matthew Tejada
     Bulgaria's Democratic Consolidation
     and the Kozloduy Nuclear Power Plant
     (KNPP)
     The Unattainability of Closure
     With a foreword by Richard J. Crampton
     ISBN 3-89821-439-7

5   Марк Григорьевич Меерович
     Квадратные метры, определяющие
     сознание
     Государственная жилищная политика в
     СССР. 1921 – 1941 гг
     ISBN 3-89821-474-5

6   Andrei P. Tsygankov, Pavel
     A.Tsygankov (Eds.)
     New Directions in Russian
     International Studies
     ISBN 3-89821-422-2

7   Марк Григорьевич Меерович
     Как власть народ к труду приучала
     Жилище в СССР – средство управления
     людьми. 1917 – 1941 гг.
     С предисловием Елены Осокиной
     ISBN 3-89821-495-8

8   David J. Galbreath
     Nation-Building and Minority Politics
     in Post-Socialist States
     Interests, Influence and Identities in Estonia
     and Latvia
     With a foreword by David J. Smith
     ISBN 3-89821-467-2

9   Алексей Юрьевич Безугольный
     Народы Кавказа в Вооруженных
     силах СССР в годы Великой
     Отечественной войны 1941-1945 гг.
     С предисловием Николая Бугая
     ISBN 3-89821-475-3

10   Вячеслав Лихачев и Владимир
     Прибыловский (ред.)
     Русское Национальное Единство,
     1990-2000. В 2-х томах
     ISBN 3-89821-523-7

11   Николай Бугай (ред.)
     Народы стран Балтии в условиях
     сталинизма (1940-е – 1950-е годы)
     Документированная история
     ISBN 3-89821-525-3

12   Ingmar Bredies (Hrsg.)
     Zur Anatomie der Orange Revolution
     in der Ukraine
     Wechsel des Elitenregimes oder Triumph des
     Parlamentarismus?
     ISBN 3-89821-524-5

13   Anastasia V. Mitrofanova
     The Politicization of Russian
     Orthodoxy
     Actors and Ideas
     With a foreword by William C. Gay
     ISBN 3-89821-481-8

14　*Nathan D. Larson*
Alexander Solzhenitsyn and the
Russo-Jewish Question
ISBN 3-89821-483-4

15　*Guido Houben*
Kulturpolitik und Ethnizität
Staatliche Kunstförderung im Russland der
neunziger Jahre
Mit einem Vorwort von Gert Weisskirchen
ISBN 3-89821-542-3

16　*Leonid Luks*
Der russische „Sonderweg"?
Aufsätze zur neuesten Geschichte Russlands
im europäischen Kontext
ISBN 3-89821-496-6

17　*Евгений Мороз*
История «Мёртвой воды» – от
страшной сказки к большой
политике
Политическое неоязычество в
постсоветской России
ISBN 3-89821-551-2

18　*Александр Верховский и Галина
Кожевникова (ред.)*
Этническая и религиозная
интолерантность в российских СМИ
Результаты мониторинга 2001-2004 гг.
ISBN 3-89821-569-5

19　*Christian Ganzer*
Sowjetisches Erbe und ukrainische
Nation
Das Museum der Geschichte des Zaporoger
Kosakentums auf der Insel Chortycja
Mit einem Vorwort von Frank Golczewski
ISBN 3-89821-504-0

20　*Эльза-Баир Гучинова*
Помнить нельзя забыть
Антропология депортационной травмы
калмыков
С предисловием Кэролайн Хамфри
ISBN 3-89821-506-7

21　*Юлия Лидерман*
Мотивы «проверки» и «испытания»
в постсоветской культуре
Советское прошлое в российском
кинематографе 1990-х годов
С предисловием Евгения Марголита
ISBN 3-89821-511-3

22　*Tanya Lokshina, Ray Thomas, Mary
Mayer (Eds.)*
The Imposition of a Fake Political
Settlement in the Northern Caucasus
The 2003 Chechen Presidential Election
ISBN 3-89821-436-2

23　*Timothy McCajor Hall, Rosie Read
(Eds.)*
Changes in the Heart of Europe
Recent Ethnographies of Czechs, Slovaks,
Roma, and Sorbs
With an afterword by Zdeněk Salzmann
ISBN 3-89821-606-3

24　*Christian Autengruber*
Die politischen Parteien in Bulgarien
und Rumänien
Eine vergleichende Analyse seit Beginn der
90er Jahre
Mit einem Vorwort von Dorothée de Nève
ISBN 3-89821-476-1

25　*Annette Freyberg-Inan with Radu
Cristescu*
The Ghosts in Our Classrooms, or:
John Dewey Meets Ceauşescu
The Promise and the Failures of Civic
Education in Romania
ISBN 3-89821-416-8

26　*John B. Dunlop*
The 2002 Dubrovka and 2004 Beslan
Hostage Crises
A Critique of Russian Counter-Terrorism
With a foreword by Donald N. Jensen
ISBN 3-89821-608-X

27　*Peter Koller*
Das touristische Potenzial von
Kam''janec'–Podil's'kyj
Eine fremdenverkehrsgeographische
Untersuchung der Zukunftsperspektiven und
Maßnahmenplanung zur
Destinationsentwicklung des „ukrainischen
Rothenburg"
Mit einem Vorwort von Kristiane Klemm
ISBN 3-89821-640-3

28　*Françoise Daucé, Elisabeth Sieca-
Kozlowski (Eds.)*
Dedovshchina in the Post-Soviet
Military
Hazing of Russian Army Conscripts in a
Comparative Perspective
With a foreword by Dale Herspring
ISBN 3-89821-616-0

29   Florian Strasser
     Zivilgesellschaftliche Einflüsse auf die
     Orange Revolution
     Die gewaltlose Massenbewegung und die
     ukrainische Wahlkrise 2004
     Mit einem Vorwort von Egbert Jahn
     ISBN 3-89821-648-9

30   Rebecca S. Katz
     The Georgian Regime Crisis of 2003-
     2004
     A Case Study in Post-Soviet Media
     Representation of Politics, Crime and
     Corruption
     ISBN 3-89821-413-3

31   Vladimir Kantor
     Willkür oder Freiheit
     Beiträge zur russischen Geschichtsphilosophie
     Ediert von Dagmar Herrmann sowie mit
     einem Vorwort versehen von Leonid Luks
     ISBN 3-89821-589-X

32   Laura A. Victoir
     The Russian Land Estate Today
     A Case Study of Cultural Politics in Post-
     Soviet Russia
     With a foreword by Priscilla Roosevelt
     ISBN 3-89821-426-5

33   Ivan Katchanovski
     Cleft Countries
     Regional Political Divisions and Cultures in
     Post-Soviet Ukraine and Moldova
     With a foreword by Francis Fukuyama
     ISBN 3-89821-558-X

34   Florian Mühlfried
     Postsowjetische Feiern
     Das Georgische Bankett im Wandel
     Mit einem Vorwort von Kevin Tuite
     ISBN 3-89821-601-2

35   Roger Griffin, Werner Loh, Andreas
     Umland (Eds.)
     Fascism Past and Present, West and
     East
     An International Debate on Concepts and
     Cases in the Comparative Study of the
     Extreme Right
     With an afterword by Walter Laqueur
     ISBN 3-89821-674-8

36   Sebastian Schlegel
     Der „Weiße Archipel"
     Sowjetische Atomstädte 1945-1991
     Mit einem Geleitwort von Thomas Bohn
     ISBN 3-89821-679-9

37   Vyacheslav Likhachev
     Political Anti-Semitism in Post-Soviet
     Russia
     Actors and Ideas in 1991-2003
     Edited and translated from Russian by Eugene
     Veklerov
     ISBN 3-89821-529-6

38   Josette Baer (Ed.)
     Preparing Liberty in Central Europe
     Political Texts from the Spring of Nations
     1848 to the Spring of Prague 1968
     With a foreword by Zdeněk V. David
     ISBN 3-89821-546-6

39   Михаил Лукьянов
     Российский консерватизм и
     реформа, 1907-1914
     С предисловием Марка Д. Стейнберга
     ISBN 3-89821-503-2

40   Nicola Melloni
     Market Without Economy
     The 1998 Russian Financial Crisis
     With a foreword by Eiji Furukawa
     ISBN 3-89821-407-9

41   Dmitrij Chmelnizki
     Die Architektur Stalins
     Bd. 1: Studien zu Ideologie und Stil
     Bd. 2: Bilddokumentation
     Mit einem Vorwort von Bruno Flierl
     ISBN 3-89821-515-6

42   Katja Yafimava
     Post-Soviet Russian-Belarussian
     Relationships
     The Role of Gas Transit Pipelines
     With a foreword by Jonathan P. Stern
     ISBN 3-89821-655-1

43   Boris Chavkin
     Verflechtungen der deutschen und
     russischen Zeitgeschichte
     Aufsätze und Archivfunde zu den
     Beziehungen Deutschlands und der
     Sowjetunion von 1917 bis 1991
     Ediert von Markus Edlinger sowie mit einem
     Vorwort versehen von Leonid Luks
     ISBN 3-89821-756-6

44 *Anastasija Grynenko in Zusammenarbeit mit Claudia Dathe*
Die Terminologie des Gerichtswesens der Ukraine und Deutschlands im Vergleich
Eine übersetzungswissenschaftliche Analyse juristischer Fachbegriffe im Deutschen, Ukrainischen und Russischen
Mit einem Vorwort von Ulrich Hartmann
ISBN 3-89821-691-8

45 *Anton Burkov*
The Impact of the European Convention on Human Rights on Russian Law
Legislation and Application in 1996-2006
With a foreword by Françoise Hampson
ISBN 978-3-89821-639-5

46 *Stina Torjesen, Indra Overland (Eds.)*
International Election Observers in Post-Soviet Azerbaijan
Geopolitical Pawns or Agents of Change?
ISBN 978-3-89821-743-9

47 *Taras Kuzio*
Ukraine – Crimea – Russia
Triangle of Conflict
ISBN 978-3-89821-761-3

48 *Claudia Šabić*
"Ich erinnere mich nicht, aber L'viv!"
Zur Funktion kultureller Faktoren für die Institutionalisierung und Entwicklung einer ukrainischen Region
Mit einem Vorwort von Melanie Tatur
ISBN 978-3-89821-752-1

49 *Marlies Bilz*
Tatarstan in der Transformation
Nationaler Diskurs und Politische Praxis 1988-1994
Mit einem Vorwort von Frank Golczewski
ISBN 978-3-89821-722-4

50 *Марлен Ларюэль (ред.)*
Современные интерпретации русского национализма
ISBN 978-3-89821-795-8

51 *Sonja Schüler*
Die ethnische Dimension der Armut
Roma im postsozialistischen Rumänien
Mit einem Vorwort von Anton Sterbling
ISBN 978-3-89821-776-7

52 *Галина Кожевникова*
Радикальный национализм в России и противодействие ему
Сборник докладов Центра «Сова» за 2004-2007 гг.
С предисловием Александра Верховского
ISBN 978-3-89821-721-7

53 *Галина Кожевникова и Владимир Прибыловский*
Российская власть в биографиях I
Высшие должностные лица РФ в 2004 г.
ISBN 978-3-89821-796-5

54 *Галина Кожевникова и Владимир Прибыловский*
Российская власть в биографиях II
Члены Правительства РФ в 2004 г.
ISBN 978-3-89821-797-2

55 *Галина Кожевникова и Владимир Прибыловский*
Российская власть в биографиях III
Руководители федеральных служб и агентств РФ в 2004 г.
ISBN 978-3-89821-798-9

56 *Ileana Petroniu*
Privatisierung in Transformationsökonomien
Determinanten der Restrukturierungs-Bereitschaft am Beispiel Polens, Rumäniens und der Ukraine
Mit einem Vorwort von Rainer W. Schäfer
ISBN 978-3-89821-790-3

57 *Christian Wipperfürth*
Russland und seine GUS-Nachbarn
Hintergründe, aktuelle Entwicklungen und Konflikte in einer ressourcenreichen Region
ISBN 978-3-89821-801-6

58 *Togzhan Kassenova*
From Antagonism to Partnership
The Uneasy Path of the U.S.-Russian Cooperative Threat Reduction
With a foreword by Christoph Bluth
ISBN 978-3-89821-707-1

59 *Alexander Höllwerth*
Das sakrale eurasische Imperium des Aleksandr Dugin
Eine Diskursanalyse zum postsowjetischen russischen Rechtsextremismus
Mit einem Vorwort von Dirk Uffelmann
ISBN 978-3-89821-813-9

60   *Олег Рябов*
«Россия-Матушка»
Национализм, гендер и война в России XX
века
С предисловием Елены Гощило
ISBN 978-3-89821-487-2

61   *Ivan Maistrenko*
Borot'bism
A Chapter in the History of the Ukrainian
Revolution
With a new introduction by Chris Ford
Translated by George S. N. Luckyj with the
assistance of Ivan L. Rudnytsky
ISBN 978-3-89821-697-5

62   *Maryna Romanets*
Anamorphosic Texts and
Reconfigured Visions
Improvised Traditions in Contemporary
Ukrainian and Irish Literature
ISBN 978-3-89821-576-3

63   *Paul D'Anieri and Taras Kuzio (Eds.)*
Aspects of the Orange Revolution I
Democratization and Elections in Post-
Communist Ukraine
ISBN 978-3-89821-698-2

64   *Bohdan Harasymiw in collaboration
with Oleh S. Ilnytzkyj (Eds.)*
Aspects of the Orange Revolution II
Information and Manipulation Strategies in
the 2004 Ukrainian Presidential Elections
ISBN 978-3-89821-699-9

65   *Ingmar Bredies, Andreas Umland and
Valentin Yakushik (Eds.)*
Aspects of the Orange Revolution III
The Context and Dynamics of the 2004
Ukrainian Presidential Elections
ISBN 978-3-89821-803-0

66   *Ingmar Bredies, Andreas Umland and
Valentin Yakushik (Eds.)*
Aspects of the Orange Revolution IV
Foreign Assistance and Civic Action in the
2004 Ukrainian Presidential Elections
ISBN 978-3-89821-808-5

67   *Ingmar Bredies, Andreas Umland and
Valentin Yakushik (Eds.)*
Aspects of the Orange Revolution V
Institutional Observation Reports on the 2004
Ukrainian Presidential Elections
ISBN 978-3-89821-809-2

68   *Taras Kuzio (Ed.)*
Aspects of the Orange Revolution VI
Post-Communist Democratic Revolutions in
Comparative Perspective
ISBN 978-3-89821-820-7

69   *Tim Bohse*
Autoritarismus statt Selbstverwaltung
Die Transformation der kommunalen Politik
in der Stadt Kaliningrad 1990-2005
Mit einem Geleitwort von Stefan Troebst
ISBN 978-3-89821-782-8

70   *David Rupp*
Die Rußländische Föderation und die
russischsprachige Minderheit in
Lettland
Eine Fallstudie zur Anwaltspolitik Moskaus
gegenüber den russophonen Minderheiten im
„Nahen Ausland" von 1991 bis 2002
Mit einem Vorwort von Helmut Wagner
ISBN 978-3-89821-778-1

71   *Taras Kuzio*
Theoretical and Comparative
Perspectives on Nationalism
New Directions in Cross-Cultural and Post-
Communist Studies
With a foreword by Paul Robert Magocsi
ISBN 978-3-89821-815-3

72   *Christine Teichmann*
Die Hochschultransformation im
heutigen Osteuropa
Kontinuität und Wandel bei der Entwicklung
des postkommunistischen Universitätswesens
Mit einem Vorwort von Oskar Anweiler
ISBN 978-3-89821-842-9

73   *Julia Kusznir*
Der politische Einfluss von
Wirtschaftseliten in russischen
Regionen
Eine Analyse am Beispiel der Erdöl- und
Erdgasindustrie, 1992-2005
Mit einem Vorwort von Wolfgang Eichwede
ISBN 978-3-89821-821-4

74   *Alena Vysotskaya*
Russland, Belarus und die EU-
Osterweiterung
Zur Minderheitenfrage und zum Problem der
Freizügigkeit des Personenverkehrs
Mit einem Vorwort von Katlijn Malfliet
ISBN 978-3-89821-822-1

75   Heiko Pleines (Hrsg.)
      Corporate Governance in post-
      sozialistischen Volkswirtschaften
      ISBN 978-3-89821-766-8

76   Stefan Ihrig
      Wer sind die Moldawier?
      Rumänismus versus Moldowanismus in
      Historiographie und Schulbüchern der
      Republik Moldova, 1991-2006
      Mit einem Vorwort von Holm Sundhaussen
      ISBN 978-3-89821-466-7

77   Galina Kozhevnikova in collaboration
      with Alexander Verkhovsky and
      Eugene Veklerov
      Ultra-Nationalism and Hate Crimes in
      Contemporary Russia
      The 2004-2006 Annual Reports of Moscow's
      SOVA Center
      With a foreword by Stephen D. Shenfield
      ISBN 978-3-89821-868-9

78   Florian Küchler
      The Role of the European Union in
      Moldova's Transnistria Conflict
      With a foreword by Christopher Hill
      ISBN 978-3-89821-850-4

79   Bernd Rechel
      The Long Way Back to Europe
      Minority Protection in Bulgaria
      With a foreword by Richard Crampton
      ISBN 978-3-89821-863-4

80   Peter W. Rodgers
      Nation, Region and History in Post-
      Communist Transitions
      Identity Politics in Ukraine, 1991-2006
      With a foreword by Vera Tolz
      ISBN 978-3-89821-903-7

81   Stephanie Solywoda
      The Life and Work of
      Semen L. Frank
      A Study of Russian Religious Philosophy
      With a foreword by Philip Walters
      ISBN 978-3-89821-457-5

82   Vera Sokolova
      Cultural Politics of Ethnicity
      Discourses on Roma in Communist
      Czechoslovakia
      ISBN 978-3-89821-864-1

83   Natalya Shevchik Ketenci
      Kazakhstani Enterprises in Transition
      The Role of Historical Regional Development
      in Kazakhstan's Post-Soviet Economic
      Transformation
      ISBN 978-3-89821-831-3

84   Martin Malek, Anna Schor-
      Tschudnowskaja (Hrsg.)
      Europa im Tschetschenienkrieg
      Zwischen politischer Ohnmacht und
      Gleichgültigkeit
      Mit einem Vorwort von Lipchan Basajewa
      ISBN 978-3-89821-676-0

85   Stefan Meister
      Das postsowjetische Universitätswesen
      zwischen nationalem und
      internationalem Wandel
      Die Entwicklung der regionalen Hochschule
      in Russland als Gradmesser der
      Systemtransformation
      Mit einem Vorwort von Joan DeBardeleben
      ISBN 978-3-89821-891-7

86   Konstantin Sheiko in collaboration
      with Stephen Brown
      Nationalist Imaginings of the
      Russian Past
      Anatolii Fomenko and the Rise of Alternative
      History in Post-Communist Russia
      With a foreword by Donald Ostrowski
      ISBN 978-3-89821-915-0

87   Sabine Jenni
      Wie stark ist das „Einige Russland"?
      Zur Parteibindung der Eliten und zum
      Wahlerfolg der Machtpartei
      im Dezember 2007
      Mit einem Vorwort von Klaus Armingeon
      ISBN 978-3-89821-961-7

88   Thomas Borén
      Meeting-Places of Transformation
      Urban Identity, Spatial Representations and
      Local Politics in Post-Soviet St Petersburg
      ISBN 978-3-89821-739-2

89   Aygul Ashirova
      Stalinismus und Stalin-Kult in
      Zentralasien
      Turkmenistan 1924-1953
      Mit einem Vorwort von Leonid Luks
      ISBN 978-3-89821-987-7

90   *Leonid Luks*
     Freiheit oder imperiale Größe?
     Essays zu einem russischen Dilemma
     ISBN 978-3-8382-0011-8

91   *Christopher Gilley*
     The 'Change of Signposts' in the
     Ukrainian Emigration
     A Contribution to the History of
     Sovietophilism in the 1920s
     With a foreword by Frank Golczewski
     ISBN 978-3-89821-965-5

92   *Philipp Casula, Jeronim Perovic*
     (Eds.)
     Identities and Politics
     During the Putin Presidency
     The Discursive Foundations of Russia's
     Stability
     With a foreword by Heiko Haumann
     ISBN 978-3-8382-0015-6

93   *Marcel Viëtor*
     Europa und die Frage
     nach seinen Grenzen im Osten
     Zur Konstruktion ‚europäischer Identität' in
     Geschichte und Gegenwart
     Mit einem Vorwort von Albrecht Lehmann
     ISBN 978-3-8382-0045-3

94   *Ben Hellman, Andrei Rogachevskii*
     Filming the Unfilmable
     Casper Wrede's 'One Day in the Life
     of Ivan Denisovich'
     ISBN 978-3-8382-0044-6

95   *Eva Fuchslocher*
     Vaterland, Sprache, Glaube
     Orthodoxie und Nationenbildung
     am Beispiel Georgiens
     Mit einem Vorwort von Christina von Braun
     ISBN 978-3-89821-884-9

96   *Vladimir Kantor*
     Das Westlertum und der Weg
     Russlands
     Zur Entwicklung der russischen Literatur und
     Philosophie
     Ediert von Dagmar Herrmann
     Mit einem Beitrag von Nikolaus Lobkowicz
     ISBN 978-3-8382-0102-3

97   *Kamran Musayev*
     Die postsowjetische Transformation
     im Baltikum und Südkaukasus
     Eine vergleichende Untersuchung der
     politischen Entwicklung Lettlands und
     Aserbaidschans 1985-2009
     Mit einem Vorwort von Leonid Luks
     Ediert von Sandro Henschel
     ISBN 978-3-8382-0103-0

98   *Tatiana Zhurzhenko*
     Borderlands into Bordered Lands
     Geopolitics of Identity in Post-Soviet Ukraine
     With a foreword by Dieter Segert
     ISBN 978-3-8382-0042-2

99   *Кирилл Галушко, Лидия Смола*
     (ред.)
     Пределы падения – варианты
     украинского будущего
     Аналитико-прогностические исследования
     ISBN 978-3-8382-0148-1

Quotes from reviews of SPPS volumes:

On vol. 1 – *The Implementation of the ECHR in Russia*: "Full of examples, experiences and valuable observations which could provide the basis for new strategies."

Diana Schmidt, *Neprikosnovennyi zapas*

On vol. 2 – *Putins Russland*: "Wipperfürth draws attention to little known facts. For instance, the Russians have still more positive feelings towards Germany than to any other non-Slavic country."

Oldag Kaspar, *Süddeutsche Zeitung*

On vol. 3 – *Die Übernahme internationalen Rechts in die russische Rechtsordnung*: "Hussner provides a detailed, focused study dealing with all relevant aspects and containing insights into Russian legal thought."

Herbert Küpper, *Jahrbuch für Ostrecht*

On vol. 5 – *Квадратные метры, определяющие сознание*: "Meerovich provides a study that will be of considerable value to housing specialists and policy analysts."

Christina Varga-Harris, *Slavic Review*

On vol. 6 – *New Directions in Russian International Studies*: "A helpful step in the direction of an overdue dialogue between Western and Russian IR scholarly communities."

Diana Schmidt, *Europe-Asia Studies*

On vol. 8 – *Nation-Building and Minority Politics in Post-Socialist States:* "Galbreath's book is an admirable and craftsmanlike piece of work, and should be read by all specialists interested in the Baltic area."

Andrejs Plakans, *Slavic Review*

On vol. 9 – *Народы Кавказа в Вооружённых силах СССР:* "In this superb book, Bezugolnyi skillfully fashions a candid record of how the Soviet Union employed ethnic groups in its World War II effort."

David J. Glantz, *Journal of Slavic Military Studies*

On vol. 10 – *Русское Национальное Единство*: "A work that is likely to remain the definitive study of the Russian National Unity for a very long time."

Mischa Gabowitsch, *e-Extreme*

On vol. 14 – *Aleksandr Solzhenitsyn and the Modern Russo-Jewish Question*: "Larson has written a well-balanced survey of Solzhenitsyn's writings on Russian-Jewish relations."

Nikolai Butkevich, *e-Extreme*

On vol. 16 – *Der russische "Sonderweg"?:* "Luks's remarkable knowledge of Russian history gives his observations a particular sharpness and his judgements exceptional weight."

Peter Krupnikow, *Mitteilungen aus dem baltischen Leben*

On vol. 17 – *История «Мёртвой воды»*: "Moroz provides one of the best available surveys of Russian neo-paganism."

Mischa Gabowitsch, *e-Extreme*

On vol. 18 – *Этническая и религиозная интолерантность в российских СМИ*: "A constructive contribution to a crucial debate about media-endorsed intolerance which has once again flared up in Russia."

Mischa Gabowitsch, *e-Extreme*

On vol. 25 – *The Ghosts in Our Classroom*: "Inan-Freyberg's well-researched and incisive monograph should be required reading for those Eurocrats who have shaped Romanian spending priorities since 2000."

Tom Gallagher, *Slavic Review*

On vol. 26 – *The 2002 Dubrovka and 2004 Beslan Hostage Crises*: "Dunlop's analysis will help to draw Western attention to the plight of those who have suffered by these terrorist acts, and the importance, for all Russians, of uncovering the truth of about what happened."

Amy Knight, *Times Literary Supplement*

On vol. 29 – *Zivilgesellschaftliche Einflüsse auf die Orange Revolution*: "Strasser's study constitutes an outstanding empirical analysis and well-grounded location of the subject within theory."

Heiko Pleines, *Osteuropa*

On vol. 33 – *Cleft Countries*: "Katchanovski succeeds in crafting a convincing, well-supported set of arguments. His research constitutes a step forward in dealing with the notoriously thorny concept of political culture."

Thomas E. Rotnem, *Political Studies Review*

On vol. 34 – *Postsowjetische Feiern*: "Mühlfried's book contains not only a solid ethnographic study, but also points at some problems emerging from Georgia's prevalent understanding of culture."

Godula Kosack, *Anthropos*

On vol. 35 – *Fascism Past and Present, West and East*: "Committed students will find much of interest in these sometimes barbed exchanges."

Robert Paxton, *Journal of Global History*

On vol. 37 – *Political Anti-Semitism in Post-Soviet Russia*: "Likhachev's book serves as a reliable compendium and a good starting point for future research on post-Soviet xenophobia and ultra-nationalist politics."

Kathleen Mikkelson, *Demokratizatsiya*

On vol. 39 – *Российский консерватизм и реформа 1907-1914*: "Luk'ianov's work is a well-researched, informative and valuable addition, and enhances our understanding of politics in late imperial Russia."

Matthew Rendle, *Revolutionary Russia*

On vol. 43 – *Verflechtungen der deutschen und russischen Zeitgeschichte:* "Khavkin's book should be of interest to everybody studying German-Soviet relations and highlights new aspects in that field."

Wiebke Bachmann, *Osteuropa*

On vol. 50 – *Современные интерпретации русского национализма*: "This thought-provoking and enlightening set of works offers valuable insights for anyone interested in understanding Russian nationalism."

Andrew Konitzer, *The Russian Review*

On vol. 57 – *Russland und seine GUS-Nachbarn*: "Wipperfürth's enlightening and objective analysis documents detailed background knowledge and understanding of complex relationships. "

Julia Schatte, *Eurasisches Magazin*

On vol. 59 – *Das sakrale eurasische Imperium des Aleksandr Dugin*: "Höllwerth's outstanding 700-page dissertation is certainly the, so far, most ambitious attempt to decipher Dugin's body of thought."

Tanja Fichtner, *Osteuropa*

On vols 63-68 – *Aspects of the Orange Revolution I-VI:* "These 45 papers and supplemental election reports provide an excellent overview of the Ukrainian 2004 events, as well as their historical and political context."

Uwe Dathe, *Osteuropa*

On vol. 80 – *Nation, Region and History in Post-Communist Transition*: "Rodgers provides with his analysis an important contribution to a specific view on Ukraine."

Marinke Gindullis, *Zeitschrift für Politikwissenschaft*

Series Subscription

Please enter my subscription to the series *Soviet and Post-Soviet Politics and Society*, ISSN 1614-3515, as follows:

❒ complete series   OR   ❒ English-language titles
                                        ❒ German-language titles
                                        ❒ Russian-language titles
starting with
❒ volume # 1
❒ volume # ___
    ❒ please also include the following volumes: #___, ___, ___, ___, ___, ___, ___
❒ the next volume being published
    ❒ please also include the following volumes: #___, ___, ___, ___, ___, ___, ___

❒ 1 copy per volume   OR   ❒ ___ copies per volume

Subscription within Germany:

You will receive every volume at 1st publication at the regular bookseller's price – incl. s & h and VAT.
Payment:
❒ Please bill me for every volume.
❒ Lastschriftverfahren: Ich/wir ermächtige(n) Sie hiermit widerruflich, den Rechnungsbetrag je Band von meinem/unserem folgendem Konto einzuziehen.

Kontoinhaber: _____Kreditinstitut: _____
Kontonummer: _____Bankleitzahl:_____

International Subscription:

Payment (incl. s & h and VAT) in advance for
❒ 10 volumes/copies (€ 319.80) ❒ 20 volumes/copies (€ 599.80)
❒ 40 volumes/copies (€ 1,099.80)
Please send my books to:

NAME_____DEPARTMENT_____
ADDRESS _____
POST/ZIP CODE_____COUNTRY _____
TELEPHONE _____EMAIL_____

date/signature_____

A hint for librarians in the former Soviet Union: Your academic library might be eligible to receive free-of-cost scholarly literature from Germany via the German Research Foundation. For Russian-language information on this program, see
       http://www.dfg.de/forschungsfoerderung/formulare/download/12_54.pdf.

Please fax to: **0511 / 262 2201 (+49 511 262 2201)**
or mail to: *ibidem*-Verlag, Julius-Leber-Weg 11, D-30457 Hannover,Germany
or send an e-mail: ibidem@ibidem-verlag.de

ibidem-Verlag

Melchiorstr. 15

D-70439 Stuttgart

info@ibidem-verlag.de

www.ibidem-verlag.de
www.ibidem.eu
www.edition-noema.de
www.autorenbetreuung.de

www.ingramcontent.com/pod-product-compliance
Lightning Source LLC
Chambersburg PA
CBHW070241290326
41929CB00046B/2301

Soviet and Post-Soviet Politics and Society (SPPS)
ISSN 1614-3515

Founded in 2004 and refereed since 2007, SPPS makes available affordable English-, German- and Russian-language studies on the history of the countries of the former Soviet bloc from the late Tsarist period to today. It publishes approximately 15-20 volumes per year, and focuses on issues in transitions to and from democracy such as economic crisis, identity formation, civil society development, and constitutional reform in CEE and the NIS. SPPS also aims to highlight so far understudied themes in East European studies such as right-wing radicalism, religious life, higher education, or human rights protection. The authors and titles of all previously published manuscripts are listed at the end of this book. For a full description of the series and reviews of its books, see www.ibidem-verlag.de/red/spps.

Note for authors (as of 2009): After successful review, fully formatted and carefully edited electronic master copies of up to 250 pages will be published as b/w A5 paperbacks and marketed in Germany (e.g. vlb.de, buchkatalog.de, amazon.de) and internationally (e.g. amazon. com). For longer books, formatting/editorial assistance, different binding, oversize maps, coloured illustrations and other special arrangements, authors' fees between €100 and €1500 apply. Publication of German doctoral dissertations follows a separate procedure. Authors are asked to provide a high-quality electronic picture on the object of their study for the book's front-cover. Younger authors may add a foreword from an established scholar. Monograph authors and collected volume editors receive two free as well as further copies for a reduced authors' price, and will be asked to contribute to marketing their book as well as finding reviewers and review journals for them. These conditions are subject to yearly review, and to be modified, in the future. Further details at www.ibidem-verlag.de/spps-authors.

Editorial correspondence & manuscripts should, until 2011, be sent to: Dr. Andreas Umland, ZIMOS, Ostenstr. 27, 85072 Eichstätt, Germany; e-mail: umland@stanfordalumni.org

Business correspondence & review copy requests should be sent to: *ibidem*-Verlag, Julius-Leber-Weg 11, D-30457 Hannover, Germany; tel.: +49(0)511-2622200; fax: +49(0)511-2622201; spps@ibidem-verlag.de.

Book orders & payments should be made via the publisher's electronic book shop at: www.ibidem-verlag.de/red/SPPS_EN/

Authors, reviewers, referees, and editors for (as well as all other persons sympathetic to) SPPS are invited to join its networks at www.facebook.com/group.php?gid=52638198614 www.linkedin.com/groups?about=&gid=103012 www.xing.com/net/spps-ibidem-verlag/

Recent Volumes

90 *Leonid Luks*
Freiheit oder imperiale Größe?
Essays zu einem russischen Dilemma
ISBN 978-3-8382-0011-8

91 *Christopher Gilley*
The 'Change of Signposts' in the Ukrainian Emigration
A Contribution to the History of Sovietophilism in the 1920s
With a foreword by Frank Golczewski
ISBN 978-3-89821-965-5

92 *Philipp Casula, Jeronim Perovic (Eds.)*
Identities and Politics During the Putin Presidency
The Discursive Foundations of Russia's Stability
With a foreword by Heiko Haumann
ISBN 978-3-8382-0015-6

93 *Marcel Viëtor*
Europa und die Frage nach seinen Grenzen im Osten
Zur Konstruktion ,europäischer Identität' in Geschichte und Gegenwart
Mit einem Vorwort von Albrecht Lehmann
ISBN 978-3-8382-0045-3

94 *Ben Hellman, Andrei Rogachevskii*
Filming the Unfilmable
Casper Wrede's 'One Day in the Life of Ivan Denisovich'
ISBN 978-3-8382-0044-6

95 *Eva Fuchslocher*
Vaterland, Sprache, Glaube
Orthodoxie und Nationenbildung am Beispiel Georgiens
Mit einem Vorwort von Christina von Braun
ISBN 978-3-89821-884-9

96 *Vladimir Kantor*
Das Westlertum und der Weg Russlands
Zur Entwicklung der russischen Literatur und Philosophie
Ediert von Dagmar Herrmann
Mit einem Beitrag von Nikolaus Lobkowicz
ISBN 978-3-8382-0102-3

97 *Kamran Musayev*
Die postsowjetische Transformation im Baltikum und Südkaukasus
Eine vergleichende Untersuchung der politischen Entwicklung Lettlands und Aserbaidschans 1985-2009
Mit einem Vorwort von Leonid Luks
Ediert von Sandro Henschel
ISBN 978-3-8382-0103-0

98 *Tatiana Zhurzhenko*
Borderlands into Bordered Lands
Geopolitics of Identity in Post-Soviet Ukraine
With a foreword by Dieter Segert
ISBN 978-3-8382-0042-2